ネットワーク時代の企業戦略

犬塚 正智 著

学 文 社

本書を
両親と最愛の家族である聖子，智史，千桜，宏正
に捧げる

正智

2000 年 4 月

はじめに

二一世紀という第三の千年紀（ミレニアム）時代は、第三次産業革命あるいは、知識情報革命の世紀であるといわれている。富の源泉は、土地とかモノから、知識へと変遷し、企業による価値創造は、知識や情報技術に大きく依存するようになる。まさに、このような時代の要請に応えられる企業が、これからの市場や産業をリードしていくであろう。そのような意味から、スピードの経営、ネットワークの経済、情報技術の戦略的活用に最大の関心がはらわれるようになる。わが国企業のおかれている企業環境は、これからの課題にいかに対応して行くか。二一世紀の勝敗の分かれ目は、このような観点からの経営者の決断と実行力にかかっている。

経営学においては、常に新たな現象の理論化が行われており、時代とともに研究分野も拡大している。今まさに経済という対象領域では、経営学とその隣接科学である経営情報論の分野が、ダイナミックな学問分野であり、企業経営に密接に関わる事象は多様な変革を経験しつつあるということができる。今後、企業戦略と経営情報に関する研究は、更なる発展と理論化が急速に進められ、社会に対して大きな影響力を及ぼすであろう。

そこで本書では、現代の経営に必要な知識と知見を提供し、現実の経済事象で起こっている問題に対する洞察力を養うことを目標としたい。そして、最近の企業戦略経営や情報技術の経営への利用の形態についても詳細にみてゆく。昨今のコンピュータ利用やデータ通信を中心とする情報技術の発達はきわめて顕著である。そのすべてを網羅することはできないが、情報技術が企業経営に与える影響について考究している。また、本書の特徴は、最新の研究成果を理論と実践という立場からバランスよく纏めている点である。企業経営の現場や事例研究を通して、現実味のある企業の実体に迫ろうと努力していることも見逃せない。

第1章では、情報技術の発展と企業経営について取り上げる。そこでは、企業経営と情報技術の関係を経営への利用形態の変化を通して明らかにする。また、戦略的に利用するための方法とシステムについても関心が払われる。第2章では、経営戦略の内容を明らかにしたい。現代の経営環境は、大競争の時代といわれるように複雑で不確実性の高い状況にある。第3章では、いわゆるハイテク企業の製品戦略について考察したい。わが国企業の国際競争力は、この先端技術企業の果敢な経営戦略に依拠するところが大きい。第4章では、リエンジニアリングの本質とビジネス革新について考察する。第5章では、企業経営における情報技術の活用とその展開という観点から、主にインターネット技術を利用したネットワーク経営についてその利点と可能性を論じる。第6章では、企業の情報システムの有効性を評価するためのフレームワークを提供する。これまで情報技術投資に関する効果については曖昧にされてきたことが多かった。そうではなく、情報投資の客観的な測定は重要であるので、個々の企業に適したより効果的な測定法について論究する。最後に第7章では、企業が情報技術を利用するためには、どのような組織上の問題があるのか、さらに組織変革によって獲得できるネットワークの経済性について考究する。

本書は、大学のテキストだけでなく、新たな社会的使命に目覚めた起業家としてベンチャービジネスを立ち上げてゆくビジネスマンに是非とも読んでいただきたい。その内容は、今日のわが国経済を支えてきた多くの中小企業や世界を代表するような大手企業の企業戦略というよりも、これから大樹となるであろう新規事業やスモールビジネスのために書かれたものである。インターネット技術を利用したネットビジネスや連結の経済を応用したバーチャルコーポレーションは、小回りの利く中小企業が得意とする価値の利用形態である。そうした観点からすると、私たちの行く先には、先行する手本はなさそうである。私たち自身の試行錯誤の中から、自ら解答をつくり出してゆかなくてはならない。

本書発刊が、わが国経済の変換期に上梓できることは時宜を得た快挙であり、学問やビジネスに広く活用されることを望外の喜びとしたい。本書は『北海学園大学総合研究』の研究助成により援助を受けた。なお、本書がなるにあたって、早稲田大学名誉教授である鈴木英壽先生、早稲田大学教授・小林俊治先生、厚東偉介先生ならびに坂野友昭先生に感謝申し上げたい。また、公私にわたりご指導下さいました芝浦工業大学教授・平雄之先生、北海学園大学教授・大月博司先生に心より御礼申し上げる。発刊に対し好意的に対応して下さった（株）学文社・三原多津夫氏に心より感謝の意を表したい。原稿の遅れにもかかわらず、原稿の処理から校正作業、発刊に至るまで手際の良さには本当に驚いている。最後に、友人・同僚から多くの啓発や激励を頂いた、この場をかりて御礼申し上げる。

二〇〇〇年五月

犬塚　正智

目次

［カバーデザイン］　岩下　正之
一九六六年　第一五回朝日広告賞受賞／毎日広告賞佳作に入賞
一九七一年　デザイン事務所を設立。主に和装中心の広告に携わる

第1章　情報技術発展の系譜と企業経営

マイクロエレクトロニクスやコンピュータ・ソフトウェア、データ通信技術の飛躍的な発展によって、コンピュータのダウンサイジング化、マルチメディア化、データベース化が急速に進展している。これらの情報技術の発展が経営のあり方やビジネス・プロセスに大きな影響を与えている。このことは、情報技術の活用形態の違いがそのまま企業経営のあり方に関わってくることを意味する。すなわち、これらの情報技術を経営の各レベルでいかに有効に利用するか、また適切に活用するかが企業の将来に大きな影響を与えるということになる。そこで、企業経営に関して情報技術がどのような発展過程を経て現在のようになっていったかについて概観したい。[1]

1　情報技術（IT：Information Technology）
一九五八年、リービットとウィスラーが使い、その後一九八〇年代にかけて米国の経営組織に与える影響を予測する際に用いられた用語である。彼らは、①高速コンピュータのような大量情報を即座に処理する技術、②数理計画やORのような意思決定問題に対する統計的数学的手法の適応技術、③開発の端緒についたばかりのコンピュータプログラムによる高次のシミュレーション技術、という当時としては新しい三領域の技術を情報技術と考えていた。［Leavitt, H. J. and Whisler, T. L. (1958) pp. 41-48.］

1―1　ノーランの発展段階説

情報技術の発展過程として諸説あるのだが、まず、代表的なノーラン（Nolan Richard L.）の四段階説ないし六段階説を見てみたい。情報技術は、その時代の経営環境、経営実態、利用可能な技術などを反映して発展する。ノーランは始め創始期、波及（拡張）期、統制（公式化）期、統合（成熟）期の四段階を考えたが、後に次のような六つの段階に区分し直している。図表1-1は、ノーランの発展段階説を表している。すなわち、縦軸は発展の水準を表し、横軸は時間的過程に沿った発展過程を示している。この図の中の左下から右上に向かうS字型の曲線は、組織の学習過程を表している。

Ⅰ　創始期：コンピュータを使った情報技術の利用では、導入期にあたり、データ処理を通じて事務の効率化をめざす段階である。投資した企業としていない企業では、事務処理の効率に大きな隔たりが発生する。部門別にコスト削減がはかられ、投資効率が明確に確認できることから積極的なコンピュータ投資が行われる。

Ⅱ　波及期：導入期に事務の効率化に成功し、企業は次々とコンピュータ・システムの構築に取り組む時期である。各企業のコンピュータ・システムの利用の差異が一段と明確になるため、各分野での競争も激しくなる。コンピュータ利用の機会が増加して行くが、全組織を通じてコンピュータ・システムに対して、どのような考え方を取るかといったコンシェプトは確立されないままである。

III　統制期：組織全体を通じてコンピュータ・システムをどのようにしていくかの計画や統制についての議論がなされる時期である。組織のいろいろな分野で独立してコンピュータ・システムの導入がなされた結果、コンピュータのハードやソフトウェアにも部門間の相互関係で不都合が生じ、システム統合を考えないと混乱を招く事態に立ち至った段階である。

IV　統合期：上述の三つの段階は、単にデータの処理

図表1-1　情報技術の発展段階説

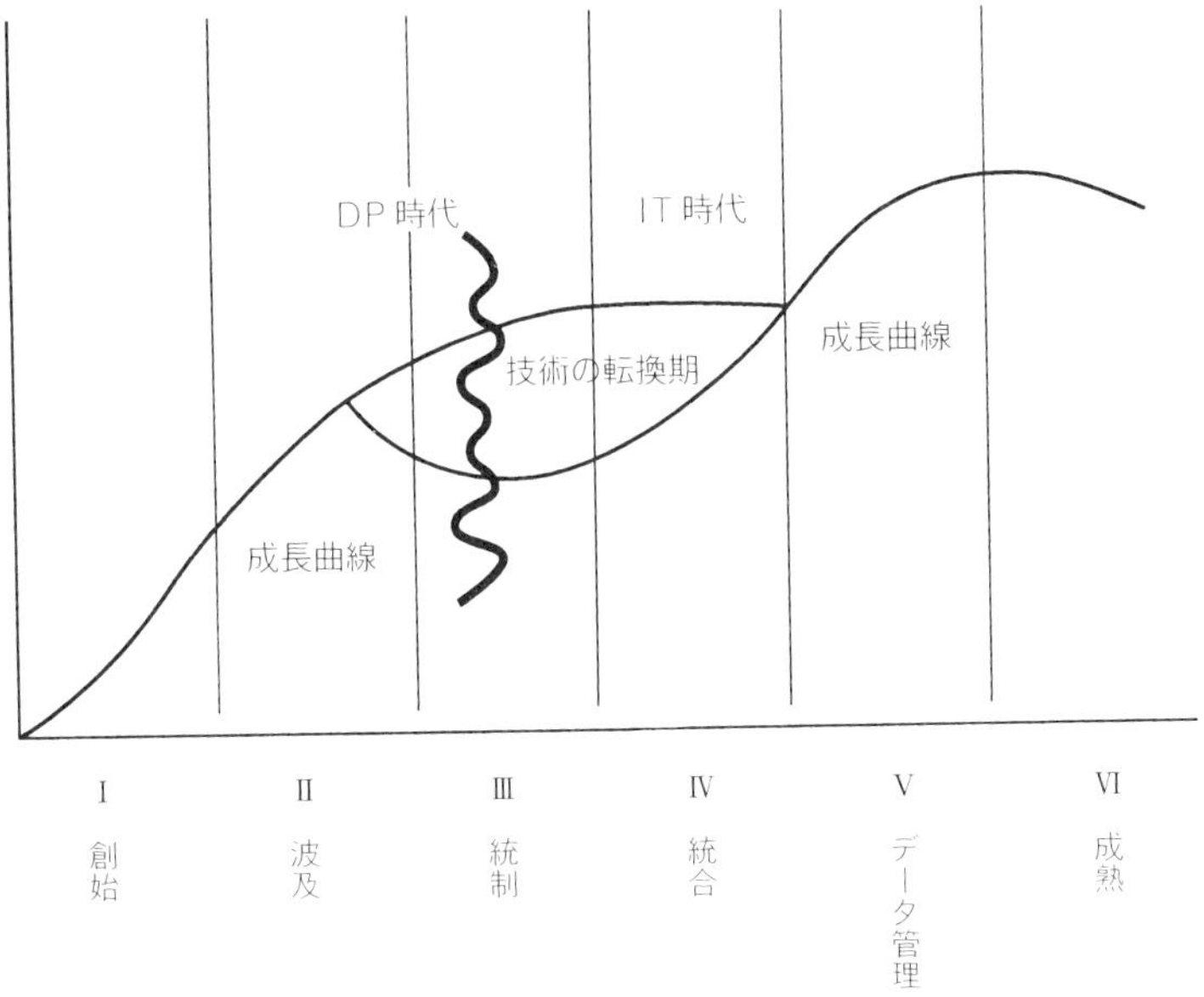

出所：Nolan, R. L.（1974, 1979）の文献より修正して引用

を中心とするコンピュータ・システムであるが、この統合期の段階ではこれまでの技術の延長ではなく、新たな情報技術（ＩＴ）の導入がないと脱皮できない段階である。情報処理志向から経営志向の段階へとコンピュータ・システムの利用が転換してゆく。例えば、統合化されたデータベースを使ってのオンライン処理、情報技術の多面的活用、通信やネットワークを介してのエンドユーザー・コンピューティングがあげられる。

Ⅴ　データ管理期：組織全体として情報システム構築の考え方が広まり、データ管理者がデータとシステムの共有をはかることにより、組織全体による統一したアプリケーション、共通フォーマットの横断的利用が行われる。ユーザー部門にも利用のみではなく、情報システム構築のための分担や責任をもつことが要求されるような段階を指す。

Ⅵ　成熟期：データ資源を活用して戦略的なシステムを構築・活用する時期である。組織は情報資源管理を行う管理部門がアプリケーションの統合をはかり、情報資源を個別のアプリケーションとエンドユーザーに生かしてゆくことを考えてシステム構築を行う。また、さまざまな形態の情報技術の利用が技術的に可能になるので組織経営のあり方にも大きな影響を及ぼす段階である。

ノーランの六段階説によれば、情報技術は創始段階（Initiation）、波及段階（Contagion）、統制段階（Control）の三段階を経たところで、不連続な技術シフトが起こり、古い技術に代替して、新たな創始段階、波及段階および統制段階と新たな発展の波に乗り替わっていくという。すなわち、不連続な技術シフトによって、新たな情報技術が登場してそれが企業経営に大きな影響を及ぼす。以上のようにノーランの発展段階説を示したものであるが、第Ⅲ期から第Ⅳ期にかけてが転換期であり、それ以前がデータ処理の時代、それ以後が情報技術の時代と考えられる。そして、ＩＴ時代の三つの段階もその時代での創始、波及、統制の段階に相当すると考えられる。

ノーランの発展段階説を技術のライフサイクルの段階と付合して示す（宮川公男 1994）とコンピュータ時代から情報化時代への転換によって大きな違いがみられる。

第一に、企業の情報管理の担い手についてみてみると、コンピュータ時代にはデータ処理（ＤＰ）あるいはＭＩＳ管理者から、情報化時代にはいわゆる情報統括役員（Chief Information Officer）に替わる。情報統括役員の地位は非常に高くて、シノット（Synott, W. R.）によると最高経営責任者（Chief Executive Officer）への道は、一九六〇年代には販売ないしマーケティング担当役員であったものが、一九七〇年代および八〇年代には財務担当役員へと代わり、九〇年代には情報統括役員になると予想している。

第二に、情報管理部門が管理する対象は、ＤＰシステムからもっと広範囲な人と技術をも含めた情報資源へと変化していき、焦点となる資源もコンピュータからデータおよび通信へと移っていく。そして必要とされる技能や知識も技術的なものから経営管理的なもの、すなわちインテリジェントワーカーとしてのそれに変化する。

第三に、計画の性質は、技術的なものから戦略的なものへと変化し、情報管理の任務は統制から技術的イノベーションへと重要性が増大する。そして、技術への投資は保守的なものから攻撃（競争）的なものへと変わっていき、技術の統合のベースになるものはDPのアーキテクチャーから情報資源管理のアーキテクチャーへと移行する。組織での必要なマネジメント・スタイルは統制を重視するものから影響力を重視する経営スタイルへと変わる。

これまでの情報技術の発展について概観したが、企業経営において情報技術のもつ大きな潜在能力を十分に活用するためには、以上のような情報技術の史的潮流を正しく理解しておく必要がある。そこで、この分野における諸説をもう少しみておく必要があろう。

1―2 情報技術のパラダイムシフト

それでは情報技術または情報システムがどのように変化していったのであろうか。これに関しては種々の考え方があるが、花岡ら（1995）の研究に沿ってまとめてみたい。

タプスコットら（Tapscot 1993）は、新パラダイムとしてネットワーク・コンピューティング関連ではマイクロプロセッサの登場をあげ、現状のインテル型のCPUの役割を高く評価している。また、オープンシステムとしてベンダーの中立性および協力関係の重要性を主張した。そして、ソフトウェア製造関連では生産技術的生産をあげて画像を含むマルチメディア、統合化システムをあげている。すなわち、彼は新技術パラダイムをネットワーク・コンピューティング、オープンシステム、ソフトウェア生産革命の三視点から論じている。

図表 1-2　情報技術のパラダイムシフト

発表者		視点	旧パラダイム	新パラダイム	備考
1	ドン，タプスコット及びアート，カストン（1993）	ネットワークコンピューティング	伝統的な半導体ホストコンピュータ主体	マイクロプロセッサ主体，ネットワーク主体	新技術パラダイムをネットワーク・コンピューティング，オープンシステム，ソフトウェア生産革命の 3 視点より論じる。GUI，CASE などを評価
		オープンシステム	ベンダーごとの標準・個別のデータ・テキスト会計主体の取引関係中心	ベンダーは中立マルチメディアマルチベンダーの協力関係	
		ソフトウェアの製造革命	手工業的生産 英数字の文字情報 スタンドアロンシステム	生産技術的生産 画像を含む情報統合化システム	
2	ウェンディ，ロブソン（1994）	6 段階説の整理	ホストコンピュータによる集中型データプロセッシング（1970 年代） MIS（1980 年代）	デスクトップコンピュータ主体のエンドユーザー・コンピューティングと戦略的情報システム	ノーラン，シルクらの諸説の整理
3	ブルース，エルバート（1992）	6 段階説の適応	データプロセッシングの時代	IT の時代 （国際的コミュニケーション，ローカルネットワーク，CAD/CAM）	技術シフトが生じたのは 1980 年代と主張

出所：花岡ら（1995）『経営革新と情報技術』13 頁を修正

ロブソン(Robson 1994)は、他の段階説を引用しながら旧パラダイムの典型例として、ホストコンピュータによる集中データ処理を主体とする経営情報システム(Management Information Systems)をあげている。そして新パラダイムはデスクトップコンピュータ主体のエンドユーザー・コンピューティングであり、その典型例が情報を競争優位の確立のために用いる戦略的情報システム(Strategic Information Systems)であると主張する。今日では、戦略的情報システムというよりももっと多義的な考えから、情報技術の戦略的利用として、囲い込み型システムからオープンシステムへと変化している点をおさえておかねばならない。

エルバート(Elbert 1992)は、ノーランと同様に六段階説を主張し、データプロセッシングの時代から情報技術の時代へと技術シフトが起こり、それが発生した時期を一九八〇年代であると主張した。インターネット技術を用いた通信の飛躍的進歩は、国際的コミュニケーションを可能にして新時代を開いたといえる。この分野の情報技術の発展は企業経営のあり方そのものを変化させるだけの大きなインパクトがあることを看過してはならない。

1―3 わが国における情報技術の発展

わが国における情報技術の経営への影響は、企業経営のコンピュータリゼーションの歴史と深い関わりをもっている。ここでは、宮川の主張(1994)をもとにわが国経営情報に関するシステムの発展系譜を概観してみたい。

このコンピュータリゼーションは、一九五九(昭和三四)年に気象庁の天気予報などのために利用されて以来、昭和三〇年代を導入期とすれば、昭和四〇年代にはテイクオフ期に入ったといえよう。一九六四(昭和三九)年には、東京オリンピックが開幕、IBM第三世代コンピュータ・システム360が発表され、競技会場とデータセンターとを通信回線で接続して競技速報および公式記録ファイルの作成が行われた。同年、国鉄(現在のJR)の「みどりの窓口」がスタートしたし、翌年、一九六五年には三井銀行のオンライン・バンキング・システムが稼働した。

わが国における情報システム(MIS)に関する議論もこの時期に本格化した。それ以前にも取り上げられていたが、一九六七年刊行の『コンピュータ白書』が「情報革命下の電算経営」という統一テーマのもとに「経営情報システムを志向するコンピュータ経営」という一章を設けて大きく取り上げた。この中には、「MISは、マネジメントの意思決定について適切であると客観的に判断される情報を、組織的に収集、加工、蓄積し、マネジメントの要求に応じてこれらの情報を提供する機能を果たすべくつくられた、人間および機械の公式の組織である」と定義されている。

一九六七年には、日本生産性本部と日本経営情報開発協会とにより、財界の指導者クラスをメンバーとした「訪米経営情報システム視察団」が派遣され、一九六七年一月にこの帰国報告とMISの形成に関する提言が発表された。この提言は、MISの導入への積極的な取り組みを促した。提言は、産業界の経営者、管理者、中小企業の経営者にコンピュータ利用の意識を高めるとともに、MISに対する意識と関心を喚起させた。これ以降、MISに関する華々しいジャーナリスティックな議論は、次第に沈静化していったが、このことが意味するものとしてＭＩＳが失敗に終わったとか、ＭＩＳが喚起した問題が終わったことを示すものではない。むしろブームの沈静に続いて地道なシステムづくりが進められていったといえよう。

昭和四〇年代始めの一般的なＭＩＳ論は、その後、より具体的なシステムの議論や開発へと向かったが、それは概ね二つの潮流に集約できる。第一は、トランザクション処理システムであり、第二は、予測・計画システムの開発である。そして、第二の流れは、次第に意思決定支援システム(Decision Support System；DSS)と繋がっていった。

第一の流れであるトランザクション処理システムは、当時の技術水準からして単なる事後的なデータ処理でさえ、ＭＩＳの基本的サブシステムとしてのトランザクション処理を行うためには、まだまだ未熟であったのである。当時のＭＩＳ志向した先駆的な企業の目標をみると、経営上の判断資料の作成を目的とするとか、総合的なシステム構築をめざすとか、そのために全社的で総合的な電送システムをめざすというものであった。そのような困難を克服しながら、ＭＩＳの発展は、トランザクション処理システムとしての完成度を高めることを一つの流れとしてきたのである。要するに、オンライン・データ処理による全社統合的なシステム確立がその中心的な課題となった。

ところで第二の流れとしての意思決定支援システムは、経営計画におけるコンピュータの支援を試みる企業が急速に増加したことに起因している。この頃から、情報技術の急速な進展が始まって、企業活動に積極的に利用されてゆくような流れが定着していった。特に、長期的経営計画とか戦略的経営計画の策定には経営シミュレーション・モデルを用いてゆく動きが盛んになる。当時の高度経済成長期を背景にして、このような傾向は、コンピュータ・モデルによる比較的直線的な予測と計画の妥当性を保証した。しかし昭和五〇年代に入ると企業環境の激変に伴い予測や計画に対する要請も変化し、環境の変化に対応するシステムやそのための意思決定支援システムへの関心が高まった。右肩上がりの経済成長が終わり、中成長期になると日本企業も堅実な経営をモットーとしながら積極的な市場の形成に関わっていくという戦略思考の経営スタイルをとるようになってきた。

このような二つの傾向性は続くが、この方向を加速したのには、電気通信法の改正・自由化が大きな役割を果たしている。一九七一(昭和四六)年、公衆電気通信法の改正によって電気通信網がデータ通信に利用(第一次通信回線開放)できるようになる。さらに一九八二(昭和五七)年には、中小企業を主体とするシステムにおいては、これまで規制されていた通信回線の他人使用、共同使用、メッセージ交換に関する規制の緩和(第二次通信回線開放)が行われた。一九八五(昭和六〇)年には公衆電気通信法を全面改定させ、同時に施行された日本電信電話会社法とともに民間に門戸を開くかたちとなり、わが国の電気通信の自由化は相当進んだものとなった。さらに近年では、インターネットビジネスの牽引車であるプロバイダ業務の自由化、携帯電話や国際電話の自由化が経済に活力をもたらすとともに、新たなビジネスチャンスを創り出したといえよう。このような電気通信自由化の波は、情報処理と通信、さらにはデジタル放送の融合化をもたらし、MＩSの新しい展開をもたらした。すなわち、トランザクション処理システムが異組織間でネットワークで繋がるようになったのである。これにより、ＭＩＳが競争上の優位性を獲得できるような新たなパースペクティブの提案（Wiseman 1988）がなされ、情報技術の戦略的利用が求められるようになった。これがその後の戦略的情報システム（Strategic Information System；SIS）論のブームをもたらしたのである。以上のようなＭＩＳの発展の歴史の中で企業の情報関連投資は年々増加して、コンピュータは産業・企業の発展には欠くことのできないツールとなった。それらが、コンピュータ産業の発展をもたらすとともに、すべての産業に新たなビジネスチャンスを切り拓いた役割は重要である。

海老沢・島田（1989 pp. 28-31）は、わが国における情報システムの変遷をマクロ経済の景気変動と対比させながら次のように概観している。第二次世界大戦後に始まるわが国企業の草創期から一九五〇年代にかけては、欧米先進国（特にアメリカ）で開発され、実施された事業経営方式を日本風に焼き直し、先進国で研究開発された技術、ノウハウを導入して事業展開をしてゆく、いわゆる模倣の時代であった。この時期の情報システムは、省力化・事務の迅速化を目的に作業の機械化を目標としたものであった。パンチカードを主たる記録媒体とするＰＣＳ（Punch Card System）が主要なツールの時代であったといえる。

一九六〇年代は高度成長期であり、欧米先進国で開発された技術・ノウハウをわが国の応用技術力を生かして改良・改善し、効率を高めた生産方式を武器に大量生産、大量消費に結びつけていった時代であった。この時期の情報システムは省力・コスト低減および業務の迅速化を目標とした、個別業務の効率化を目的として機能した。情報技術としては、汎用（ホスト）コンピュータが出現し、プログラム言語も機械語からアセンブリ言語、高級言語（COBOL，FORTRAN）と発展して、バッチ処理からオンライン処理やリアルオンタイム処理が利用できるようになってきた。

一九七〇年代以降、特に一九七三年の石油ショックからは、欧米の模倣ではなく、わが国特有のニーズに合わせたプログラムの開発がなされてゆく。この時期の情報システムは、取引先の拡大と関係強化、顧客サービスの向上、経営者および経営管理者の意思決定支援、新製品の開発支援、国際化事業のための業務革新、国際戦略支援のための情報システムの強化が押し進められた。情報システムの利用形態としては、MIS、DSS、SISへと進化してゆく過程での発展傾向が認められる。他方、情報技術の利用形態としては、RDB（Relational Data Base）、MML（Micro Mainframe Link）、AI（Artificial Intelligence）、パケット通信などが採り入れられ、ホスト・コンピュータを中心とした全社的情報システムが構築されたのであった。

しかしながら、近年におけるマイクロ・エレクトロニクス技術のめまぐるしい進歩により、大型コンピュータから小型マイクロコンピュータへの移行が進められ、いわゆるダウンサイジングの構想が顕著になってきた。このことは、コンピュータの相対的価格低下と価格対性能比の向上が大きな原因ではあるが、コンピュータがビジネス以外にも生活などの多くの分野で利用可能になったことに起因する。通信技術の進歩に支えられた分散処理やエンドユーザー・コンピューティング（End User Computing：EUC）の普及が急速に進んでいる。情報技術や企業環境の変化は、わが国経営情報システムの進展の歴史上で大きな変化をもたらしているといえる。

一九八五年のプラザ合意以降の円高進行とバブル経済とその崩壊を経験した今日、日本企業の置かれている状況は、第二の創業期といわれるように企業の経営革新が切実に求められ、いわゆる創造の時代に入ったといえよう。このような時代に求められる情報システムは、企業経営の再構築のために活用される情報システムでなければならず、企業のＢＰＲ（Business Process Reengineering）を達成するものでなければならない。そのために必要とされる情報技術は、共用データベースとオープン・ネットワークを基本としたシステム環境が必要とされるであろう。そのための情報技術の形態としては、ダウンサイジング、オープンシステム、ＥＵＣ（End User Computing）、ＥＵＤ（End User Database）、ＧＵＩ（Graphical User Interface）というインターネット技術の活用である。また、一九八〇年代後半のいわゆるバブル経済崩壊とともに悪化した企業収益は、それまで聖域化されていた情報関連投資に対しても、その投資効果について厳しい評価を要求するようになった。一九九〇年代は、さらに経営のスリム化やビジネス・プロセスの見直しに情報技術を用いてゆく、いわゆるリエンジニアリング（Business Process Reengineering；BPR）が叫ばれ、投資対効果の向上や肥大経営の見直しが実施されるようになった。要するに、わが国における情報システムは、業務効率を求めるシステムから経営戦略を支援するシステムへと移行し、さらに企業の業務革新や経営革新を達成するための情報システムへとその姿を変貌させている。

1－4　意思決定の技術と経営情報

バーナード（Barnard, C. I. 1938）による『経営者の役割』において、組織の問題と並んで意思決定の問題が論理的決定、個人的・組織的決定、意思決定の起因、目的・環境、戦略的要因などの概念によって考察されている。さらに、組織・経営の基本機能として意思決定の問題を詳細に分析し、情報処理パラダイムに基づいてその理論化とシステム化の研究に取り組んだのが、カーネギー学派のサイモン（Simon, H. A.）である。代表的な研究として彼の研究を概観すると、『意思決定の科学』は、コンピュータ・オートメーションと経営との関係を扱っている。また、『システムの科学』は、純粋基礎科学ではなく、工学、建築学、経営学のような応用科学における環境依存のデザインに関する科学を問題意識としている。また、共著『オーガニゼーションズ』は、バーナードからサイモンへの流れと、その後のマーチとサイモン（March, J. G. & Simon, H. A. 1963）への進展とを結ぶ位置で公式組織の科学的研究を推し進めた。さらに、第三版から第二部に情報システムなどの章を追加した代表作『企業行動』へと進む。

ここでは、意思決定に関する議論をサイモンの主張を中心に展開したい。個人間に潜在的なコミュニケーションを媒介として意思決定の場が形成される。また、意思決定とは、自由裁量や他人の影響下で可能な範囲内から特定の行為を、意識的にないし無意識的に選択することとされる。その意思決定には、目的―手段連鎖を通じて、最終目的に向かうための価値判断と実現可能性に関する事実判断とがある。そして、現場活動に対してトップ・マネジメントの意思決定は、忠誠心・能率の訓練、権限・助言・情報などの影響によって反映される。

1—5 データと情報と決定

意思決定は情報を決定に変換させるプロセスであるといわれる。情報の意義は意思決定と関連づけられることによって明らかになる。[2] 人は、何らかの問題に直面すると自ら利用できるデータの中から問題解決に役立ちそうなものを見つけだそうとする。このことは、人間の脳裏で、その問題との関連性からデータを判断し、価値判断を下していることを意味する。換言すると、データを情報に変換させていると考えられる。意思決定(Decision-making)とは、何らかの目標を達成する行動の選択に関する決定を行うことである。意思決定を行う主体は、意思決定者と呼ばれる。個々の人間だけでなく、複数の人々も組織も意思決定者になりうる。個々の人間が個人的に行う意思決定は、選択される行動が個人によって行われる。したがって、意思決定の変換プロセスと決定から行動への変換プロセスは個人の頭の中で決定され、情報がそのまま行動に現れるようにみえる。これに対して組織の意思決定の場合には、意思決定を行う主体と決定を受けて行動する主体とが異なる場合が多い。その場合、意思決定者は、その決定内容を行動主体に対して伝達しなければならない。また、行動結果について、意思決定者にフィードバックする仕組みが必要である。このように組織での意思決定では、個人の意思決定にはない複雑な問題が生じる。

2 McDonough (1963) は、情報とデータを区別してデータとは人が利用できるメッセージであり、情報とは特定の問題や特

図表 1-3　データと情報と決定

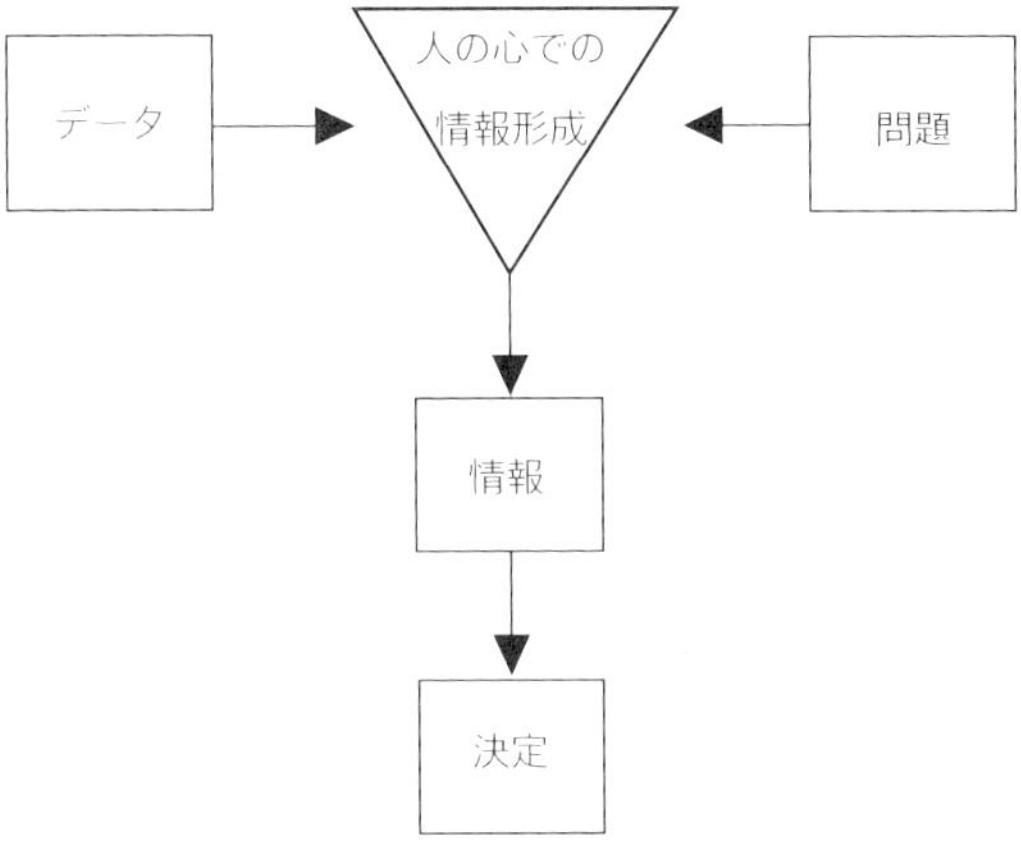

出所：宮川（1975）『意思決定論』57 頁

定の状況に関連づけられたデータであると主張している。

意思決定の問題を単純に捉えると次のようなモデルで表現できる。

すなわち、

$$z = f(x, y)$$

この式のうち、x は意思決定者が自分でコントロールできる要素、選択したり決定したりできる要素でありこれを決定変数と呼ぶ。これに対して、y は意思決定者が自分でコントロールできない要素であり環境変数と呼ばれる。環境変数は、意思決定者にとっては与件と考えられるものである。最後に、z は結果変数と呼ばれるものであり、その値は、決定変数と環境変数の値とその変数間の関係によって決まる。この結果変数は、意思決定者の目的に照らして評価されるものである。

このようなモデルが意味するところを実際の企業経営について暫くみてみると、一般に概念的であるが、生産、売上、利益という関係から説明できる。企業は、生産量を決定するが、それは利益に関する何らかの目的を達成するために行われる。しかし、実際にはいくら製品をつくってもその製品が実際に市場で売れなければ、企業経営はやってゆけない。そこで、企業の利益は、自社が決定できる製品生産量だけでなく、製品需要、つまり企業がコントロールできない要素について左右されることになる。

この意思決定の問題において、結果変数 z である利益が、決定変数 x の製品生産量と環境変数 y の製品需要量との組み合わせで決まることは明らかである。このモデルは、現実の企業組織の状況を単純に捉えており、実際には利益に影響する要素は生産量と需要量以外にも存在する。しかしながら、ここで重要なことは、意思決定者の目的の達成がコントロールできる変数とコントロールできない変数の関係によって決まるということである。したがって、意思決定者としては、環境変数の動きを予測しつつ、できるだけ自分の望ましい目的に結果変数をもたらせるように決定変数を選択することが求められる。

意思決定モデルを構成する要素やその間に関係する情報が完全であれば、意思決定者にとって判断を下すことは容易になる。しかしながら、これらに対して意思決定者がもつ情報は限られたものになることが普通である。決定変数の値もしくは代替案の中には、意思決定者が既知のものばかりではなく、新たな検索活動や開発によって得られる未知のものも含まれる。あたらしい代替案の開発に時間やコストがかかる場合、その代替案の開発が部分まで完全に行われることはむしろ少なく、情報が不完全なまま、その設計と評価選択が並行して行われることになる。また、意思決定者がコントロールできない環境変数に対する情報も完全でないことが多い。前述の製品生産量決定の場合、製品に対する需要量があらかじめわかることはほとんどない。

環境変数の起こりうる状態に対する情報の不完全性の程度は、確実性とリスクとの関係から把握することができる。まず、確実性とは、環境変数に対してどのケースが発生するかがはっきりとわかっている場合である。次にリスクとは、環境変数の起こりうるケースが複雑であって、そのどれが生じるかわからないが、その発生確率がわかっている場合である。リスクの状況には、確率が客観的な場合と主観的な場合とがある。不確実性とは、起こりうるケースはわかっていても、それが発生する確率がわからない場合を指している。現代組織の特徴の一つには、その環境が複雑化すると同時に変化自体も早い点がある。このような環境下での意思決定はきわめて不確実性が高く、情報の不完全性が著しいといえよう。

他方、結果変数に関する情報も不完全となりやすい。不完全性は、第一に環境変数に対する情報の不完全性、第二に決定結果の三変数間の構造的な関係についての情報が不完全であることからもたらされる。最後に、結果変数の評価は、結果変数に関する効用関数を明確にすることを必要とするが、その変数に対する情報も不完全となりやすい。これは、組織で行われる意思決定のように複数の異なる利害関係者の意向を反映させなければならない場合には特にそうである。このように、組織における意思決定者は、未知の環境と情報に関する不確実性の中で当初の結果を求められるという非常にストレスの大きい立場にある。

意思決定は、問題発生の頻度や問題の構造に対する意思決定者の理解の程度によって定型的意思決定と非定型的意思決定に分けることができる。定型的意思決定とは、構造が明確で何度でも繰り返し発生する問題に対する意思決定である。そこでは、問題解決にあたって何をすべきか、そのためにどのような資源(ヒト・モノ・カネ・情報)が必要か、あらかじめ明確に理解される。これに対して、非定型的意思決定とは、問題が新奇であり、構造が不明確で、問題を解決するための一定の方法が確立されていないような意思決定をいう。非定型的意思決定では、問題が発生する度にヒューリスティックに対応策を決定してゆかねばならない。

1―6 意思決定の技術

サイモンは、これらの分類のうち定型的意思決定と非定型的意思決定の二つを扱う技術を伝統的なものと近代的なものとに分けて図表1-4のように表している。まず、定型的意思決定において利用される技術には、習慣、事務ルーチンなどがある。習慣とは、繰り返し生じる問題に対応するうちに、意思決定が一定のルール化したものである。組織の決めた事務ルーチンも習慣に似た性格があるが、習慣よりも公式性や記録性が高い。定型的意思決定に対する近代的技術としては、OR(オペレーション・リサーチ)とコンピュータによるデータ処理がある。OR手法は、意思決定の問題

図表1-4　意思決定の技術

意思決定のタイプ	意思決定の技術	
	伝統的	近代的
定型的(programmed) —ルーチン的，反復的決定 —組織はこのような決定を扱うために特定のプロセスを開発する	1　習慣 2　事務的ルーチン 標準業務手続き 3　組織構造 共通の期待 下部目標の体系 明確に定められた情報の経路	1　OR 数学的分析 モデル コンピュータ・シミュレーション 2　コンピュータによるデータ処理
非定型的(non-programmed) —1回限り，悪構造，新規の政策決定 —一般的問題解決のプロセスで扱われる	1　判断，直感，創造力 2　経験則 3　幹部要員の選択と訓練	ヒューリスティックな問題解決技術の適用 a. 意思決定の訓練 b. コンピュータのヒューリスティック・プログラムの作成

出所：Simon, H. A. (1977). *The New Science of Management Decision,* p.48.

に関して数学的モデルができるかどうか、また実際に計算可能なモデル・ビルディングが可能かどうかに依存する。コンピュータの能力の向上によって、ORが使われる範囲が広がって高度な定型的意思決定の自動化もまた進展している。

次に、非定型的意思決定の伝統的技法としては、判断、直感、経験など、意思決定者の個人的能力に依存することが多くなる。幹部要員の選択と訓練においても、経験を積ませたり、一般的な問題解決能力を育成することが目的である。これに対して、近代的技術としては、ヒューリスティックな問題解決技法があげられる。これは、人間の一般的な問題解決プロセスを分析することで、その手続きを明確化したり、プログラム化することを意図しており、近年の情報技術の発展はこの傾向を後押しするような状況である。

1―7　経営情報戦略の全体像

情報技術の利用は、今日の企業経営に必要不可欠なものとなってきており、その効果は単なる効率化から競争優位の獲得、顧客満足度を高めるためのカスタマイゼーションの方向へと進展している。情報技術は、その飛躍的な進歩につれて、企業活動の内部取引分野に急速に浸透し、企業活動の一つの業務や作業を効率化するための道具から、今や企業の競争地位を左右する重要な戦略ツールへと変わっている。情報技術が果たす役割をワイズマン（Wiseman 1988）の主張をもとに考察すると、データ処理システム（Electronic Data Processing System；EDPS）、経営情報システム（Management Information System；MIS）、戦略的情報システム（Strategic Information System；SIS）の三つの段階に分けることができる。ここでは、企業経営を取り巻く情報戦略の全体像を鳥瞰し、今後の課題について考えてみたい。

コンピュータと通信を中心とした情報技術の進展は、ここ数年、目を見張るものがある。世界初の商用コンピュータであるUNIVAC I が登場して半世紀しか経っていないのに、この間、平均して年率三〇％ものコストパフォーマンスの向上を遂げている。他方、情報処理の方法も、バッチ処理からオンライン・リアルタイム処理、リレーショナル・データベース、分散処理といった具合に、そのバリエーションを広げ、オープン化を促進した格好である。情報技術のコスト・パフォーマン

図表1-5　企業活動における情報技術の利用形態

	データ処理システム（EDPS）	経営情報システム（MIS）	戦略的情報システム（SIS）
企業活動の範囲	企業活動の中の個別業務や作業に適用される	応用可能なすべての企業活動	情報技術が企業活動を再構築する
評価尺度	効率性	効率性と有効性	競争優位
運用の目的	手作業の合理化，迅速化によるコスト削減	業務の効率化と意思決定に対する情報提供	企業戦略の策定と実行に関する影響力

スと信頼性の向上を主な推進力として、情報技術の利用が拡大して企業活動のさまざまな分野に広がっていった。企業経営と情報システムとの観点からその傾向を整理すると次の三つのシステムにまとめることができる。

①データ処理システム

会計処理、在庫管理などの自動化に情報技術を適用する段階である。情報処理技術適用の目的は、処理の効率性の向上と機械化の促進である。効率性とは、より少ないインプットから有効なアウトプットを導けるかを指す。

②経営情報システム

マネジメントの意思決定のための情報提供を含む、応用可能なすべての企業活動に情報技術を適用する段階である。この段階における情報処理技術の適用では、前段階の効率化に加えて、マネジメントの意思決定に与える効果を主眼に、有効性の高い情報を創り出すという目的が加わる。ここでいう有効性とは、組織の目的とアウトプットとの関係を指し、アウトプットが組織の目的に貢献すれば、適用されたシステムの有効性が高いということになる。また、今日

図表 1-6　企業における情報システムの二面性

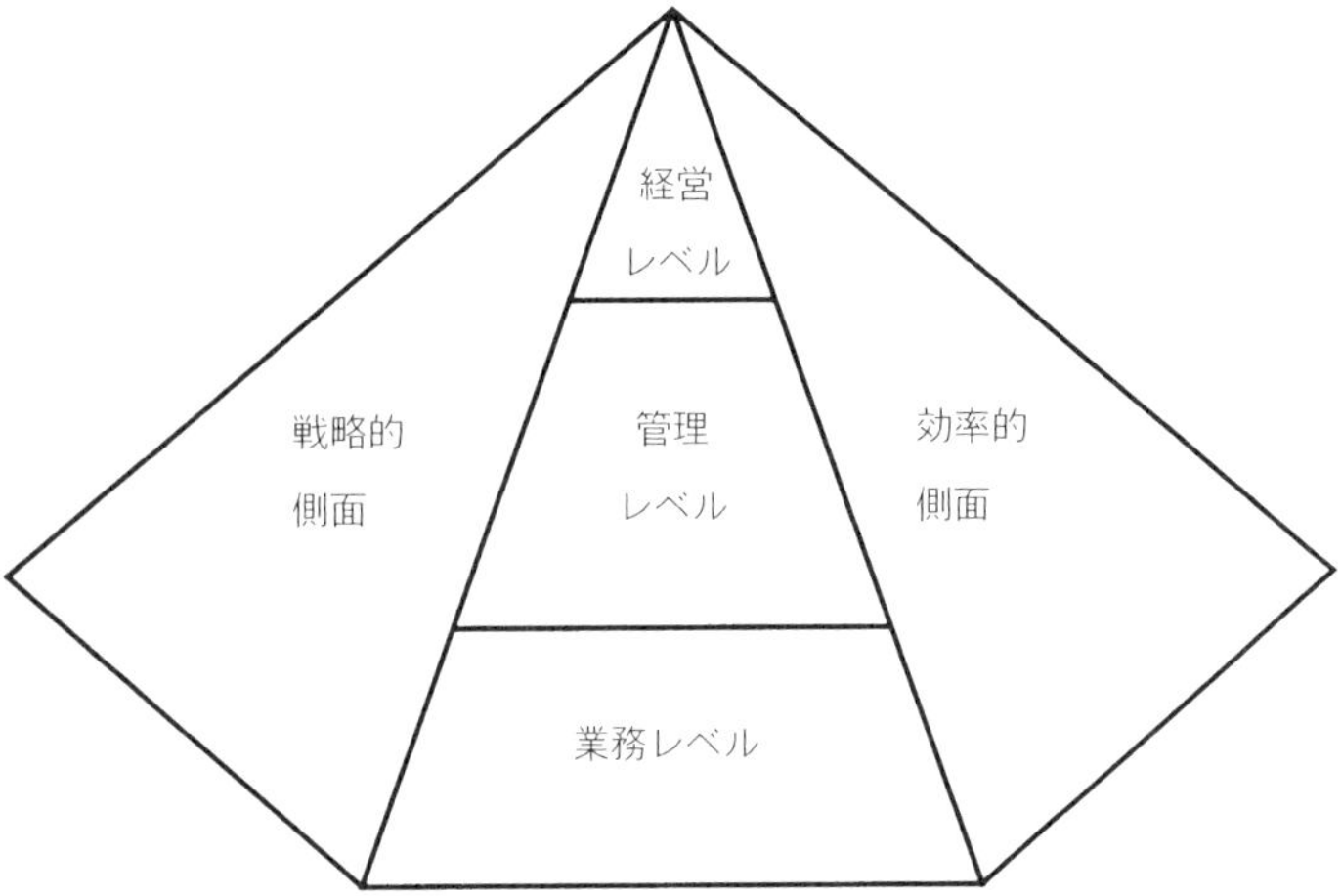

出所：海老沢・島田（1989）214頁

では、MISのもつ有効性の側面のみに焦点を当てて、マネジメントの意思決定に関する支援を目的とするシステムを意思決定支援システム（Decision-making Support System）と呼ぶ。

③戦略的情報システム

これは、情報技術を用いて競争優位を獲得することを目的に構築されたものである。既存の業務プロセスやマネジメント・プロセスに情報技術を適用した前述のEDPSやMISとは違い、この段階の情報技術は、企業の業務形態を変えるのみならず、供給業者、顧客、同業者といった利害関係者にインパクトを与えるものである。このため、効率性や有効性という概念だけでは、戦略的情報システムは把握しきれず、企業の競争優位確立という観点から考察されるべきものである。ここでは、競争優位の確立が焦点であり、企業戦略の策定と実行に関わる広範な分野にわたる把握が必要である。

しかしながら、戦略的情報システムは、単にそれ自体の機能のみで存在するのではなく、業務の効率化を目的とした情報システム（ＥＤＰＳ、ＭＩＳ）の基盤の上にしっかりと構築されたシステムでなければうまく機能しない。このように、企業における戦略的情報システムは、効率的な側面と戦略的な側面をバランス良く兼ね備えたシステムであることが要請される。そのことは、図表１－６に示されるように企業における情報システムは二面性を有しているといえよう。

1―8　情報システムの二面性

この情報システムの二面性は、企業を取り巻く活動とそのときの企業の経営戦略によって表面化する部分が違う。このようなところを、花岡ら(1995)は企業のライフサイクルと情報システムの性格変化という視点から展開している。

まず、創世期におけるライフサイクルと情報システムの性格は、経営戦略を支援する情報システムということで、戦略的側面を強くもったものでなければならない。新しい事業の自立と発展を支援するために、特にマーケティングや販売に力を入れたシステムが必要である。システム構築には、トップマネジメントのリーダーシップとシステム・エンジニア等の専門家が経営戦略の構造を情報システムで実現させるというコラボレーション作業が不可欠である。

成長期の情報システムの性格は、依然として戦略的側面が要求されるが、低コスト化の実現のために効率的な観点が重視される。この時点では、他社との違いは、価格面で有利に立っているかどうかで判断される場合が多く、そのための支援システム構築が叫ばれる。情報システムの内容としては、ＰＯＳシステムなどで収集された顧客データベースの確立、それを基盤とした商品開発支援システムなどが必要とされる。情報技術としては、ＧＵＩ（Graphical User Interface）に優れ、実務担当者に使いやすいオープン・システム技術が大切な技術となる。

さらに、成熟期の情報システムの性格は、収益性の維持、投資回収といった効率的側面が強調されるようになり、戦略的側面は次第に後退してゆく。この頃には、事業の形態も複雑化し、いくつかの事業部をもつようになると成功した情報システムを全社的に応用普及してゆこうとする。この時期の情報システムは、今の事業形態を支える仕組みとして、ほぼ完成されたかたちの企業総合情報システムという姿になっている。情報技術としては、この情報システムを支える技術としての汎用データベースと広域ネットワーク技術などが要請される。

衰退期の情報システムの性格は、収益の確保と徹底したコスト削減を要請する効率的側面の強い情報システムである。そのために徹底した業務革新を求めるＢＰＲ（Business Process Reengineering）とそれを支える情報技術としてのダウンサイジング、リレーショナル・データベース、グループウェアの技術が求められる。これらの推進のためには、最高経営責任者および企画、経理といった原価管理部門の強いリーダーシップが必要とされる。

1―9　戦略的情報システムと戦略スラスト

戦略的情報システムについて、暫くワイズマン（Wiseman 1988）の主張に基づき考察したい。彼の主張によると、情報技術を戦略的なパースペクティブという観点から用いると戦略スラストが生まれるという。戦略スラストとは、戦略的情報システムによって支援・形成される戦略が競争上の優位をもたらす力、ないしはその戦略が求めている方向性のことを意味している。戦略を推進する力、すなわち、五つのスラストをあげている。それらは、「差別化」、「コスト」、「革新」、「成長」、「提携」である。

①　差別化――他社との異質性の小さい標準製品ではもっぱら価格競争になるが、もし何らかの得意な機能やサービスを製品に付加することができれば、それは、差別化製品となり他社に対する競争優位を実現することができるようになる。情報システムを有効に活用することにより、そうでない他社に対して、自社あるいは、自社の製品・サービスを差別化することができる。例えば、米国の医療検査会社であるメトパス社の場合、医師のオフィスにコンピュータの端末を設置し、それを検査所のコンピュータとオンライン化することで顧客サービスを向上させた。これは、低料金で検査データを迅速に入手でき、情報システムを有効に活用することにより、自社の製品サービスを差別化することに成功した事例である。

②　コスト――企業は情報システムの活用によって、他社よりも安いコストで資源を入手したり、また、迅速な物流をはかったりすることによって、コスト削減ができる。企業はどこで何が起

図表 1-7　戦略スラスト

出所：Porter, M. E.（1980）訳書, 134 頁より作成

こっているのか、どのような要求があり、どこにどれだけの資源があるかについて、豊富で的確な情報を迅速に収集・処理できるならば、外部から資源の調達や社内のものの流れ、情報の流れにおいて無駄を省くことができる。

③　革新——情報システムを戦略的に活用することによって、企業はどのようなところに革新の機会があるか、また革新の適切な進め方はどのようなものかを、他社よりも早くまた正確に捉えることができる。

④　成長——情報システムを戦略的に活用することによって、企業は現在の事業をより拡大させたり、新事業を展開したりして、成長をはかることができる。有名な事例として、アメリカン航空のオンライン予約システム、「セーバー」の成功がある。これは、アメリカン航空が旅行代理店に設置したセーバーと名付けられた座席予約システムで、例えば、東京からロサンゼルスまで便名の表示を求めると、最初にアメリカン航空の便名がスクリー

ンに現れるようにプログラムされたものである。アメリカン航空は、このシステムを旅行代理店に導入させ、米国旅行代理店市場の四一%のシェアを採ったといわれている。このシステムは、アメリカン航空の航空券の販売促進に貢献したばかりでなく、最適な運行計画の作成などにも利用され、その後さらにホテルやレンタカーの予約といった新しいビジネスへの進出の契機にもなっている。

⑤ 提携――提携とは、複数の企業が共通の目的のために協力することをいうのであり、合併や吸収も含めて、協定等を幅広く意味するものである。戦略的提携は、他社の何らかの優位性を自社の優位性と組み合わせたり、あるいは、お互いの弱点を補いあい、ともに競争優位を高めようとするものである。例えば、製品系列を統合したり、あるいは、新製品開発を協力して進めるといった場合にみられる。

このような情報システムを利用した戦略的提携の具体例には、IBMとメリルリンチとのジョイント・ベンチャーがある。IBMとメリルリンチは、一九八四年に国際マーケットネット(Immet)の創設を発表したが、それは株式相場、投資データ、分析処理、財務ソフトウェアなどをIBM-PCのユーザーに提供しようとする試みである。このサービスは、末端のユーザーが衛星を通じてメリルリンチのホストコンピュータにアクセスするものである。このサービスを利用して契約を実際に結ぶのに成功したのは、証券協会のソフトウェアに特化したモンテック・ウェーバー社であった。これらのベンチャー企業は、市場拡大をめざす両者の経営志向に見合ったものであった。

以上のように、戦略的情報システムを構築することによって競争優位を生み出すことが確認されている。それは、後に明らかにされるように、企業経営における売上成長率、資本利益率という企業の主要な業績に直結した指標において効果を期待できる理由からである。

1―10 情報技術のパラダイムシフトと課題

社会・経済環境の情報化とソフト化が急速な勢いで進展しているが、そのことで現在のビジネスのやり方や発想を劇的に変革しなければ、これからの企業は生き残れない。

ロブソン(Robson, W. 1993)は、タプスコットとキャストン(Tapscot & Caston 1993)の考え方に同意を示しつつ、現在の劇的な変革を情報革命(Information Revolution)と位置づけた。すなわち、情報革命を農業革命(Agricultural Revolution)、産業革命(Industrial Revolution)に続く第三の革命と位置づけている。そして、これまでの革命が、以前の段階のパラダイムが行きづまったことにより誘発され、それが新たな機会を創出してきたことをあげて、今回の情報革命が、新技術、新しい経営環境、新しい地政的秩序および新しい企業という四つの領域において「開放状態(Openness)」という言葉で代表されるような急激なパラダイム・シフトが起きていると指摘している。この劇的な変革を支える有力な手段として、情報技術に大きな役割が期待されていることは、これまでみてきたところであるが、新しい情報技術における「開放状態」とは、オープン・システム、ネットワ

図表1-8 組織構造の変化

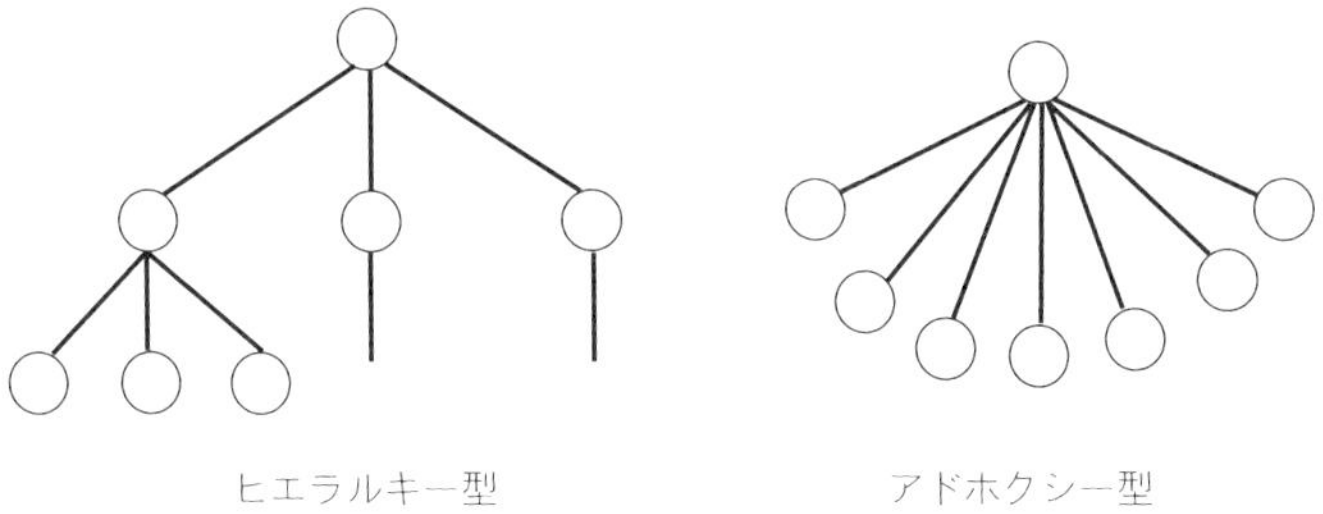

ーク・コンピューティング、エンドユーザー指向に象徴的に表現されている。

情報システムと情報技術については、「開放状態」という視点からみると、これからの情報システムのあり方は以下に示す三つに要約できる〔Robson, 1994, p. 207〕。

すなわち、次のように急激に移行するという。これらの変化を示すと図表1-9のようになる。

①個人中心の利用から作業集団（Work Group）主体の利用へ

②個々に孤立したシステム（Island System）から相互に結合されたシステムへ

③個別システム（Internal）から企業全体システム（Enterprise）へ

Robsonによれば、パラダイム・シフトを技術的な側面からみると階層構造をなしているという。

第一は、企業の社員による好業績チームの実現である。これは、各種メディアやシステムに柔軟かつ自由にアクセスできて、しかも構成員間のコミュニケーションが一層円滑にできるような情報技術があって初めて実現可能なことである。その理由は、情報技術によって統合化されたチームの方が、組織の目的達成のために各人の積極的な参画(commitment)が得られやすく、責任感(accountability)の向上も望める。すなわち、作業集団主体のコンピュータ利用による業務プロセスのリエンジニアリングこそが、一九八〇年代の競争優位の概念に取って代わるべき、これからの合い言葉であるという。

　第二に、相互に結合されたシステム、すなわち、統合化した組織の実現である。例えば、文鎮型組織のような組織階層のフラット化をはかろう

図表 1-9　情報システムの劇的な変化と必要とされる情報技術

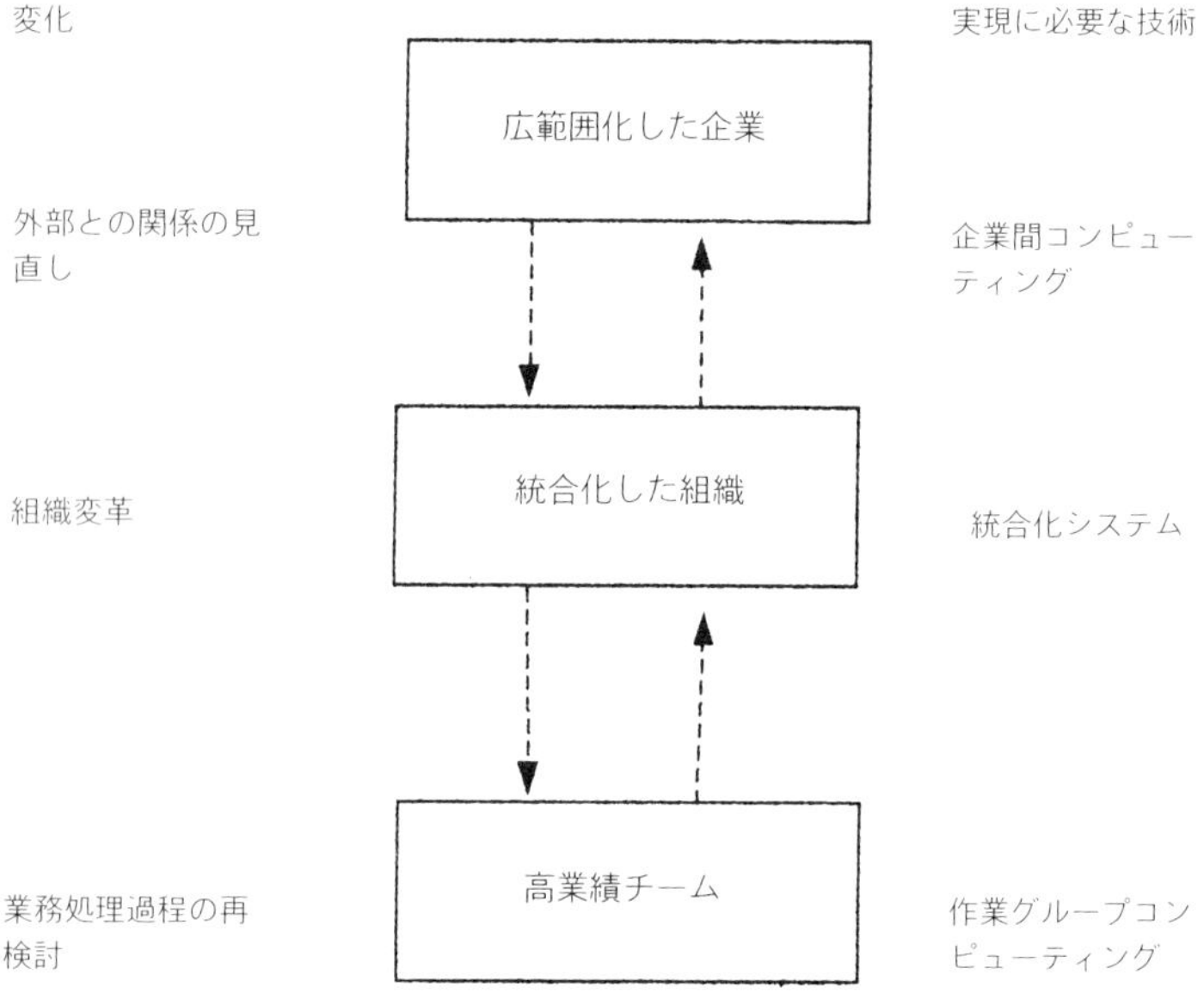

出所：花岡ら(1995)197頁を参照。

とすると、各チームに配属される構成員（社員）の数は多くなる。それによる業務の集積化も進む。例えば、顧客の対応をとるとこれまで意見がバラバラであったものが、業務の集積化によって一つのまとまった考え方に統合されるようになる。これは、強制的な統合や誘導による統合でなく、自発的統合というかたちをとる。同じように、それまでバラバラであった情報システムが新しい情報技術によって統一化され、音声・データ・画像処理などが一層「開放的」になってゆくと考えられる。

この「開放的」な情報システムが実現すると、取引関係や共同研究・開発関係にある「利害関係者」を巻き込んだ広範囲な企業、すなわち、拡張された企業（Extended Enterprise）の実現が可能となる。いわゆるバーチャルなコーポレーションの出現である。この段階における情報システムは、従来から行われているように、単に電子データ交換システムによって企業間の繋がりをつくるのではなく、戦略的提携（Strategic Alliance）を実現する有力な手段として位置づけることができる。

さらに、タプスコットとキャストンによると、七項目の情報システム特性によって、戦略的提携が全地球規模で行われるようになるという。すなわち、それらの七項目は次のように示される。

第一に、いわゆるホワイトカラーの生産性向上であり、インテリジェント・ワーカーの出現である。知的生産性の向上やサービス部門の生産性向上がこれにあたる。定型業務処理によるトランザクション処理、記録保存、報告書作成などを目的とした機械化的な使用から、今後は上述したように最新の情報技術を活用することで、高業績が望めるチームづくりができるようになる。

第二は品質の向上である。構成員が仕事に誇りをもち、情報技術の活用によって品質の向上が期待できるようになる。

第三は、応答性の向上である。これは顧客満足を達成するために、不満や意見を取り込み迅速に対応する。地球規模での時間が鍵であると主張する。

第四は、国際化である。グローバルな企業のM＆Aや戦略的提携が行われ、情報技術の活用によって地域的制約を超えた機能中心型の組織化ができるようになる。

第五は、アウトソーシング(Outsourcing)である。企業にとって必要不可欠な機能以外は、外部に移したり外部から購入して、自社の構成員(社員)は組織内に集中して、企業全体としての付加価値を高めたり、無駄を省いたりするという考え方である。すなわち、中核部分を除く周辺部分を外部に移し、従来のような負荷調整を目的とした作業の外注とは違うものである。

第六は、企業連携である。情報技術を活用することによって企業間の関係が一層緊密になる可能性がある。アウトソーシングも戦略的な企業連携の一形態として位置づけることができる。企業社会のネットワーク化の進展により、国境を越え、時間を超えてさまざまな連携が急速に進むといえよう。すなわち、企業連携力の強化が、企業のコンピタンスの強化と直結し、企業規模やロケーションはあまり問題とならなくなる。むしろ小回りの利くスモール・ビジネスがいろいろな分野で育成されるであろう。

第七には、企業の社会的環境責任があげられる。社会・企業に対して、企業倫理の確立と実践が要求されるようになっているので、これらの要求に合致した構成員の能力開発や自主性の尊重が求められる。これらの動向に見合った情報技術の拡充・整備が求められる。

以上のように、情報技術や技術データ通信技術の飛躍的な発展によって、コンピュータのダウンサイジング化、マルチメディア化、データベース化が急速に進展していることを確認してきた。これらの情報技術の発展が経営のあり方やビジネス・プロセスに大きな影響を与えている。このことは、情報技術の活用形態の違いがそのまま企業経営のあり方に関わってくることになる。すなわち、これらの情報技術を経営の各レベルでいかに有効に利用するか、また、適切に活用するかが、当該企業の将来に大きな影響を与えるということになることを今一度認識しておきたい。

●参考文献

1　Barnard, C. I.（1938）*The Function of the Executive*. Cambridge, MA：Harvard University Press.（山本安次郎・田杉競・飯野春樹訳『新訳　経営者の役割』ダイヤモンド社、一九六八年）
2　Elbert Bruce, R.（1992）*Network Strategy for Information Technology*, Artec House, p. 218.
3　海老沢栄一・島田達巳（1989）『戦略的情報システム―構築と展開』日科技連出版社。
4　花岡菖監修（1995）『経営革新と情報技術』経営革新シリーズ：21世紀の経営と情報、日科技連出版社。
5　石井淳蔵・奥村昭博・加護野忠男・野中郁次郎（1996）『経営戦略論〈新版〉』有斐閣。
6　Leavitt, H. J., & Whistler, T. L.（1958）"Management in the 1980's," *Harvard Business Review*,

Nova/Dec.: 41-48.
7 March, J. G. & Simon, H. A. (1958) *Organization*, New York: John Wiley & Sons.（土屋守章訳『オーガニゼーション』ダイヤモンド社、一九七七年）
8 McDonough, A. M. (1965) *Information Economics and Management Systems*, McGraw-Hill.（松田武彦・横内保・長坂精三郎訳『情報の経済学と経営システム』好学社、一九六五年）
9 宮川公男(1975)『意思決定論』丸善。
10 宮川公男編著(1994)『経営情報システム』中央経済社。
11 日本経済新聞社編(1985)『ゼミナール日本経済入門』一八四―一九四頁。
12 Nolan, R. L., & Gibson, K. L. (1974) "Managing the Four Stages of EDP Growth", *Harvard Business Review*, Jan./Feb..
13 Nolan, R.L. (1979) "Managing the Crisis in Data Processing", *Harvard Business Review*, Mar./Apr..
14 Porter, M. E. (1980) *Competitive Strategy: Techniques for Analyzing Industries and Competitors*. New York: Free Press.（土岐坤・中辻萬次・服部照夫訳『競争の戦略』ダイヤモンド社、一九八二年）
15 Robson, Wendy (1994) *Strategic Management and Information Systems—An Integrated Approach*, Pitman Publishing.
16 Simon, H. A. (1976) *Administrative Behavior*; 3rd ed., New York: Free Press.（松田武彦・高柳暁・二村敏子訳『経営行動』ダイヤモンド社、一九八九年）
17 Simon, H. A. (1977) *The New Science of Management Decision*, Englewood Cliffs, N. J.: Prentice-Hall.（稲葉元吉・倉井武夫訳『意思決定の科学』産業能率大学出版部、一九七九年）
18 Simon, H. A. (1969) *The Sciences of Artificial*, Mass., M. I. T. Press.（高宮晋・稲葉元吉・吉原英樹訳『システムの科学』ダイヤモンド社、一九七七年）

19 ソフト化経済センター編(1990)『ソフト化白書'90』ダイヤモンド社。
20 Tapscot, Don, & Caston, Art (1993) *Paradigm Shift—The New Promise of Information Technology*, McGraw-Hill.
21 Wiseman, C. (1988) *Strategic Information Systems*, R. D. Irwin.(土屋守章・辻新六訳『戦略的情報システム』ダイヤモンド社、一九八九年)

第2章　現代企業と経営戦略

2—1　経営戦略論の源流

本章では、経営戦略論にいたる経営システムの進展過程を鳥瞰し、くわえて経営戦略論の流れとその内容を明らかにしたい。

経営学の分野で戦略（Strategy）という概念が登場したのは、おそらく一九六〇年代からであろう。一九五〇年代、アメリカにおいて戦略という言葉が使用されたが、現代のそれとは異なっていたようだ。企業戦略に近い内容を表す場合、ビジネス・ポリシー（Business Policy）とか長期経営計画という言葉が一般的であった。経営戦略そのものを論じたわけではないが、それに類する内容は概ね三つの系譜で論じられていた（土屋守章編 1984）。

第一の流れは、当時の経営学の六つの学派の一つである経営管理過程学派の研究である。この学派は、ファヨール（Fayol, H.）によって創始され、テイラー（Taylor, F.）によって継承・発展されたのであった。経営における管理という活動を計画・組織・指揮・統制という四つのプロセスから考察したところにその特徴がある。当初は組織や指揮を中心に議論していたが、一九五〇年代には計画についてもっと幅の広い議論が出てくるようになった。長期経営計画の必要性が高まったのは一九六〇年代以降であり、やがて実質的な戦略研究に進み、経営戦略論の流れの一つが形成されるようになった。主たる研究として、ロッキード・エレクトロニクスの経営者であったアンゾフ（Ansoff, H. I. 1965）による『企業戦略論』の研究に基づくものである。彼は過去の趨勢からのみ外挿するような従来の長期計画に失望し、それにとって代わる戦略的経営論を展開するにあたり、その戦略論の基礎となる概念と意義を明らかにした。

経営戦略の第二の流れは、経営史学の研究から展開されたものである。アメリカの大企業がどのようなプロセスを辿って成長してきたかという歴史的な経過の解明である。一九世紀まで、成長というのは市場支配のために主として独占体制の形成および事業を川上・川下に広げていく垂直統合プロセスであり、その後一九三〇年代からは経営多角化が主たる成長戦略であった。一九四五年以降は、多国籍企業の拡大に伴い経営のグローバル化が急速に進展した。チャンドラー（Chandler, A. D. Jr. 1962）は、巨大企業七〇社から実証的な研究をもとに組織としての事業部制が、経営多角化の成長戦略のために登場した形態であることを論証した。ここで彼は、経営組織と戦略とは密接な関係にあり、「組織機構は戦略に従う（Structure follows strategy）という命題」を提示した。このことは経営戦略ばかりではなく、経営学の諸分野に大きな影響を及ぼしたのであった。

経営戦略の第三の源流は、ビジネス・スクール（MBA）におけるケース・メソッドからの発展である。特に、ビジネス・ポリシーという科目は、ハーバード・ビジネス・スクールを中心に早くから設置された科目である。ハーバード流の戦略についての考え方や策定方法は、企業の成功と失敗の実例を分析し、とられるべき意思決定の在り方を議論するやり方である。この流れは、今日の経営戦略論の中心的な潮流であり、ホファー&シェンデル(Hoffer, C. W. & Schendel, D. 1979)など重要な研究をもたらしている。

2―2 経営戦略に関する議論

企業は、環境との間での取引関係によって成立しており、環境に依存した存在である。この中で、環境との間にどのような関係をつくっていくか、というのが経営戦略の問題である。

理論的な研究の中で経営戦略という概念を最初に用いたのは、チャンドラー(Chandler, A. D. 1962)の『経営戦略と組織』であろう。この研究では、戦略は戦術と対比され「企業の長期的発展と存続に関わる決定」と定義されている。彼は米国企業四社の歴史的な研究をもとに、事業部制という新しい組織構造がどのようにして出現したかを研究し、事業部制は、事業の多角化という戦略に伴って現れる組織的緊張を解消しようとして生み出された組織構造であるということを明らかにした。ここから「組織機構は戦略に従う」という命題を導いている。この命題は、コンティジェンシー理論へと繋がってゆく。チャンドラーの研究は、経営戦略を主たる研究対象としたものではないが、経営戦略の概念を経営学の理論的な概念として提示したことや組織構造を始め、経営管理のあり方を決める鍵ファクターであることを主張したことで画期的な意味をもつ。

経営学の中で、経営戦略の研究を本格的に展開したのがアンゾフ(Ansoff, H. I. 1965)の『経営戦略論』である。彼は、企業の中の意思決定を戦略的決定、管理的決定、業務的決定の三種類に分けている。戦略的決定とは、企業の内部問題よりは外部問題に関わるものであり、事業(製品市場)構造の選択についての経営である。この中には、企業の目標の決定、経営多角化などの決定が含まれる。管理的決定とは、企業の資源を構造化する決定であり、組織に関する決定と資源に関する決定の二つが含まれる。業務的決定は、資源の利用の効率を最大にするための諸決定であり、予算の配分、生産計画、在庫や販売管理についての決定などが含まれる。彼によれば、戦略的決定は、長期的な簡単に変えることができない決定である。このような決定には、最適化の手法は使えない。このような決定をより合理的に行うために基準を提案した。そのために共通関連性、シナジー(相乗効果)、競争優位性、能力プロフィールなどの鍵概念を生み出し、今日の経営戦略研究に大きな影響を及ぼしている。

その後の代表的な研究としては、ルメルト(Rumelt, R. P. 1974)の『多角化戦略と経済効果』をあげることができる。彼は、企業多角化のパターンをいくつかに分け、どの多角化パターンの企業業績が高いかを明らかにしようとした。彼によれば、関連分野に集中的に進出している企業の業績は高かったが、垂直統合や無関連多角化をしている企業の業績はふるわなかった。シナジーが存在するかどうかがこの違いをもたらしたものと推測されよう。

日本でも吉原英樹編（吉原・佐久間・伊丹・加護野 1981）の『日本企業の多角化戦略』で、ルメルトの追試が行われ、よく似た結果を得ている。この研究では、ペンローズ（Penrose 1959）の『企業成長の理論』をもとに、経営資源が鍵概念として用いられ、ヒト、モノ、カネに加えて、情報的経営資源の存在に焦点が合わされた。情報的経営資源とそれがもたらすシナジーが効果的な多角化の程度や方向を決める重要なファクターであることが明らかにされた。伊丹敬之（1985）『新・経営戦略の論理』は、この情報経営資源の蓄積と利用のダイナミズムに注目し、企業成長のダイナミズムをとらえるためのオーバーエクステンション・モデルを提唱した。これは一種の不均衡発展のモデルで、蓄積された経営資源を超えた新しい事業の追加が、新たな経営資源の蓄積を促し、それが更なる多角化をもたらすというモデルである。このような事柄をダイナミック・シナジーと呼ぶ。吉原英樹（1986）の『戦略的企業革新』の理論は、日本企業の経時的な研究をもとに、このダイナミック・シナジーの実態を明らかにした。このような成長のダイナミズムの研究は、組織論における企業革新の研究と合流しつつある。

2-3 経営者の経営行動と分析手法

米国では、一九六〇年代に経営多角化とM&Aの推進があり、これらの意思決定を合理化することが実務的にも求められるようになった。一九六〇年代から一九七〇年代に、経営資源の適切な配分と多角化への明確な基準をどうするかという問題が浮上した。それに伴って、さまざまな分析手法が、ボストン・コンサルティング・グループやマッキンゼー社などのコンサルティング会社を中心に開発された。

その中で最も代表的なのは、BCG（ボストン・コンサルティング・グループ）が考究した経験曲線の法則である。これは後述するように、ある商品の生産コストは、その累積生産量に比例して減少するという関係を示したものである。単純にみると、規模の経済とよく似ているが、規模の経済は、ある時点での生産量とコストとの関係についてのものであったのに対して、経験曲線は、累積生産量とコストとの関係を表している。累積生産量に対してコストが下がるのが、仕事での熟練度、仕事の効率化や専門化、資源ミックスの改善、設備改善や能率向上、製品設計の標準化などである。この経験曲線をもとにすれば、他社よりも大きなシェアをとることによって競争優位に立つことができる。

この結論を体系化したのがPIMS（Profit Impact of Market Strategies）プロジェクトである。これは、市場戦略が利益に与える影響を調査しようとしたプロジェクトである。一九七五年に設立された戦略計画研究所のコンピュータに会員各社が事業データを入力し、そのデータを共有することによって計画立案のための指針を得ようとしたものである。一九八〇年には、二〇〇以上の企業、約二〇〇〇の事業所が参加していた。このデータを用いて、さまざまな事業が発見された。その中で最も重要なのは、利益率と市場シェアとの関係である。市場シェアが四〇％以上のROI（Return on Investment）の平均は、シェアが一〇％以下の事業平均の二・五倍になっていたことが明らかにされた。より一般的にいえば、シェアが一〇％上昇すると、ROIはほぼ五％増加することが明らかになった。経験曲線やPIMSプロジェクトなどは、個々の事業の利益率やコスト構造が何によって決定されるかを示したものである。このようにして、この事業に関する利益率の決定要因がわかれば、資源配分の基準をつくることができる。要するに、累積生産量がコストを下げ、シェアが利益率を決定するという発見事実から導かれたのが、PPM（Product Portfolio Management）である。

PPMは、個々の事業の利益率やキャッシュ・フローが市場シェアと市場成長率という二つの変数によって予測されることを発見した。それをもとに事業への投資戦略が決定される。このPPMは、多くの企業で事業への資源配分の指針として用いられるようになり、いかにして「問題児」から「花形製品」を「金のなる木」へと育て上げるかが主要な関心事となった。

このような分析手法が相次いで開発され、一九七〇年代には、分析的なアプローチと経営コンサルティング全盛の時代が到来するのである。しかしながら、一九八〇年代に入ると、このような分析手法に頼った戦略策定の問題が再検討されるようになる。

2―4　経営戦略の意義と企業環境

a　企業経営と環境

ここでは、経営戦略の論理を解明し、その内容と展望を提示することを目的としているが、その際、経営戦略論の歴史的な系譜および今日的な課題を検討したい。今日の企業を取り巻く環境は〝地殻変動〟と表現できるほどめまぐるしく変化しており、その内容は複雑・多岐にわたっている。例えば、コンピュータの発達による高度情報化、経済と経営の国際化、テクノロジーの進歩等、また、企業内部においては、ＯＡ(Office Automation)化によるデスクワークの省力化、勤労者の価値観の変化、というようにかつてなかった変動に直面している。このような複雑な環境と競争の中で、企業の安定と発展を志向することは困難なことなのである。

現代の最高経営責任者の重要な職務は、組織の能力を有効かつ能率的に展開できるように環境の変化が生み出す機会(チャンス)とリスクに巧くマッチさせることである。経営戦略において、一般環境要因と問題関連マトリックスによる問題の認識および分析は、企業の内外の変化に対処するための主要なツールである。企業が直面する問題を把握し、的確な行動を起こす前提として、一般環境要因の認識と予測が重要である。このような環境要因を高度に分析する手法やテクニックは、全社レベルの環境分析(Hoffer, C. W. & Schendell, D. 1979)から始まり個別の製品分野、競争業者の分析(Porter, M. E. 1980)などに漸次移行していくのが一般的といわれる。特に、予測は全般的な、中・長期にわたる変化のパターンを明らかにし、戦略を立案するための重要な要因である。

戦略的に重要な一般環境変数を示せば、図表2-1のようになる。ここで注意しなければならない点は、企業の直面するさまざまな環境変数に惑わされることなく、一般環境変数の数量が重要ではないのであり、その内容であり影響力の大小であるということである。

図表 2-1　一般環境諸変数一覧

経済的条件	人口統計的傾向	技術変化	社会―文化的傾向	政治―法律的要因
GNP 傾向 利子率 マネーサプライ インフレ率 失業率 賃金/価格統制 通貨切下げ/切上げ エネルギー利用可能性	人口成長率 人口における年齢分布 人口における地域的移動 平均寿命 出生率	政府による研究開発総支出額 民間の研究開発総支出額 技術開発の焦点 特許	ライフ・スタイルの変化 キャリア形成期待 コンシューマリズムの動き 結婚比率	独占禁止法規則 環境保護法 租税法 特別景気刺激策 海外貿易規制 外国企業に対する態度

出所：ホファー＆シェンデル（1978）訳書，103 頁を参考

このような指標は、一般にマクロ環境情報と呼ぶことができる。環境情報は、マクロ環境情報と技術市場環境情報とに分けられる。マクロ環境情報とは、企業を取り巻く国内外の一般環境に関する情報で、政治的・経済的・文化的・自然的環境に関する情報である。例えば、インドネシアの森林火災は、エルニーニョ現象から大気と海流の流れが変化して発生したといわれる。このエルニーニョ現象（南米のペルー沖で熱水帯が発生すること）が、黒潮の流れを変えて冷夏をもたらし、これが原因でビールの消費量が減少したり、エアコンが販売不振に陥ったり、稲作に影響が出たりする。また、わが国を含めた金融危機は、深刻な経済不況を招き、企業の倒産と大量解雇という深刻な社会問題へと発展したりした。これに関連して、ドル高円安という為替レートの変動は、海外に現地生産で進出した企業にとって現地生産のメリットが消えるとともに、資本撤退が難しくなり巨額の不良債権を抱え込むようになったりする。

また、高齢化社会を迎えるわが国では、老人の介護の問題やホームヘルパーのような在宅介護サービスに対する需要を生み出し、

いわゆるシルバー産業の市場を生み出すと思われる。このような長寿社会では、医療の民営化や個人年金制度というような国や地方公共団体に頼らずに、適切なサービスを提供しうる仕組みがもとめられると予想できる。その意味では、戦後われわれが依拠してきた政治・経済システムの再検討が求められている。

さらに、近年の科学技術の発達は、新しいビジネスや産業の発生を促し、従来の技術を陳腐化させる可能性をもっている。その筆頭にコンピュータを利用した通信情報ネットワークの構築があげられる。すなわち、これまでの重厚長大型産業から軽薄短小型への産業ならびに企業組織へと次第に移行している。そのことは範囲の経済を主体とした経営体制から連結（ネットワーク）の経済をベースとした経営へと移ってきていることを示している。また、マクロ経済の観点からもさまざまな改革や規制緩和が行われ、企業活動の拡大と新ビジネスの創出がある反面、未曾有の競争をグローバルな環境で経験する事態に立ち至っている。

今日直面している企業環境は、不確実性が高く、非連続的であり、柔軟／迅速な対応が要請される。これらの諸変数を分析し、企業を取り巻く環境の傾向性を把握できれば有効な意思決定を行うことが可能となる。すなわち、企業の外部環境に対して積極的に問題を発見し、それに対処すれば、企業は成長を遂げることができる。ここに経営戦略（Strategic Management）の重要性が存在し、その認識と研究がますます伸展する所以がある。

b　経営戦略の概念

企業活動は、経営者の政策によって推進されるのであるが、その方針と内容はさまざまである。例えば、日常的な経営活動とは異なり事業の多角化や大規模な設備投資などは、従来の組織を維持する活動とは異なる。すなわち、企業の基本的な方針を決定したり、重大な選択を行うような活動を戦略的意思決定といい、そのさまざまな理論的・実践的行動を経営戦略活動ということができる。したがって、経営戦略活動をうけて種々の具体的目標を実施することを経営戦略と呼ぶことができる。さらに、環境条件の変化に適応するために、組織がもつところの変化させない行動目標および行動方式を戦略というのである。

しかしながら、変化しないものとしては、経営者の理念とか、取るべき行動の方向、原則ないしポリシーなどがある。経営戦略の概念を明確にするため、われわれは、戦略策定を規定する企業の目的との関係で戦略の概念を把握する必要がある。この企業の目的は、企業が第一義的に追求しなければならないものであり、例えば、第一義的目標が企業を存続させることであったり、収益性やマーケット・シェアであったりする。したがって、ここでは経営目的を達成しようとする手段として戦略が登場する。有効な戦略は、この目的を達成するため実現可能ないくつかの目標をもっており、その目標を実現するための諸活動を戦略策定（Strategic Formulation）という。経営戦略は限られた資源で、しかも一定の時間内で実施されねばならないし、目標を実現する際、それをめぐる環境と行動主体の能力（例えば、ヒト・モノ・カネ）から規定を受けるのである。ここにおいて、所与の

図表 2-2　目標/手段連鎖プロセス

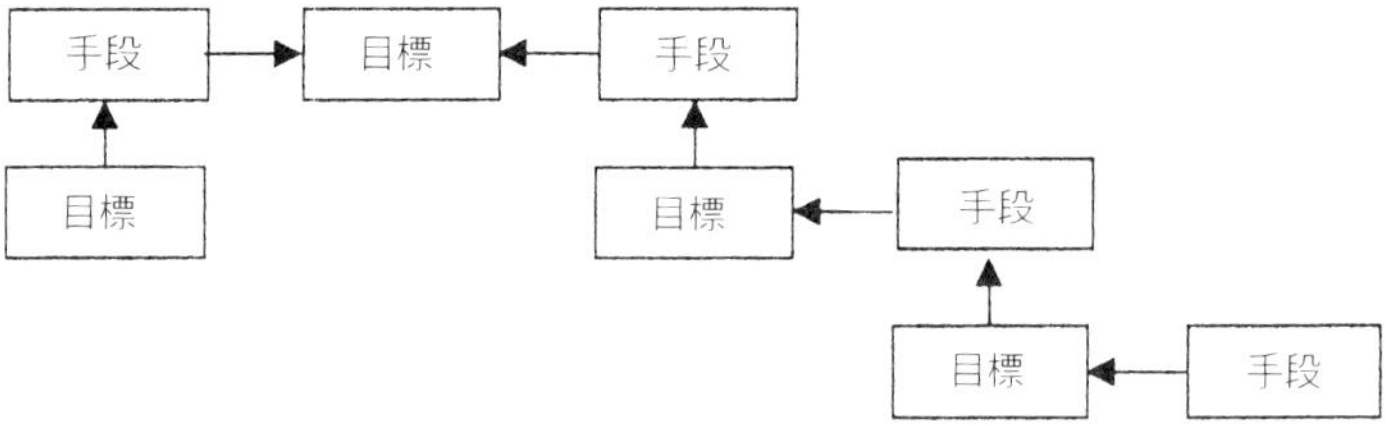

目的が設定された場合、われわれは戦略を目標↑手段関連として把握し、目標↑手段の連鎖プロセスとして認識することができる。

企業戦略の場合、企業がもつ能力のことを経営資源と呼ぶことができる。例えば、物的資源としては企業のもつ資金力、工場設備、管理能力、テクノロジー、ブランド、情報、これまで企業内で蓄積されてきた経験やノウハウなどがあげられる。人的資源としては、熟練、経験、創造性、リーダーシップなどが含まれる。この物的・人的資源を有効に組み合わせることが決定要因となるので、戦略策定に際して、環境の認識とともに経営資源のミックスが非常に重要となる。この物的資源や人的資源は、企業によってさまざまで、何をもって自社の強みとし、逆に弱みと判断するかは定まっていない。そこには、各企業における意思決定者の主観的な認識が反映されるであろうし、むしろそこに各社の個性あるいは独創性が発揮されるといえよう。

全社的な企業戦略においては、どのような事業を行うかを環境との関わりから示そうとしているし、事業レベルの戦略では市場において、いかに競争優位を確立してゆくかということで企業と環境との関係性を明らかにしている。そういう意味において、企業は、他の組織と競合しながら環境との間に財・サービス・情報の交換関係をもつオープンシステムであるといえる。

2―5　経営戦略論の流れ

経営戦略論の歴史をアンゾフ（Ansoff, H. I. 1984）に基づいて概観したい。彼は経営システムの流れを図表2-3のように整理している。

経営システムの流れの中で、戦略論の研究は非常に新しく、前述のように一九五〇年代後半に台頭してきた「長期経営計画」が出発点である。この長期経営計画は「OR」や「システムズ・アプローチ」といった計量分析をベースに企業の資源配分を計画的に実施して目標を達成しようとするものである。外部環境は比

図表 2-3　経営システムの進展

将来の予見可能性	1900―1930―1950―1970―1980―1990→ 既知　外挿　既知の非連続性　新奇の非連続性
再発的	・システムと手続きの手引き書 統制による管理 ・財務統制
外挿によって予測可能	・業務予算 ・資本予算 ・目標管理 長期計画 外挿による経営
予見可能な脅威と機会	・定期的な戦略プランニング 変化の予測による経営 ・態勢管理
部分的に予見可能な「弱いシグナル」 予見不可能な驚き	・戦略イシューの管理 柔軟/迅速な対応による管理 ・弱いシグナルに伴う問題の管理 ・リスク・マネジメント
激動性の水準	1 安定　2 受身　3 先行的　4 探求的　5 創造的

出所：Ansoff（1984）p. 14.

較的安定しており、この環境の非連続性を正確に予測することが、企業の成長の成否に大きな影響を及ぼしたのがこの時代の特徴である。一九六〇年代になると、アンゾフ（Ansoff, H. I. 1965）『企業戦略論』に代表されるように戦略プランニング（Strategic Planning）の研究が進められ、経営計画の中に戦略的イシューを導入するようになった。ここで既知の脅威と機会を分析し、環境からの影響力を企業成長の発条とする発想のもとに実践的な研究が進められた。

一九七〇年代以降、経営の比較研究や実証研究が重視され、理論構築のみではなく、それをいかに現実の経営に適合させるか、また、いかに現実から学習するかというトータルなマネジメントが要請されるようになってきた。とりわけ、多角化した事業活動をいかにして管理していくかという問題が重要な課題であった。ボストン・コンサルティング・グループ（B.C.G.）のプロダクト・ポートフォリオ・マネジメント（PPM）やGE社のビジネス・スクリーンなどが開発された。PPMは、企業活動が複数の事業（SBU）からなるポートフォリオと考え、企業の成長と存続はこの事業の更新と経営資源の適切な展開にあると捉える点に特徴がある。PPM分析は、市場成長率と自社の事業の相対的なマーケット・シェアという二つの基準から個々の事業の戦略（例えば投資拡大、撤退、現状維持、投資回収）を決定するフレームワークを提供する。事業成長率は、事業資金ニーズの代理変数であり、相対シェアは事業の資金供給の代理変数である。

この根拠は、経験曲線（Experience Curve）であり、経験曲線は、累積生産量の増加とともに平均生産費用が逓減することを示す。この理論は、ホファー&シェンデル（Hoffer, C. W. & Schendel, D.

1978）によってプロダクト・ライフ・サイクルを組込んだ製品／市場ポートフォリオ・マトリックスへと展開され、戦略策定と分析の主要なツールとして実践的な経営活動に大きなウェートを占めるようになった。ＰＰＭの登場により、新たな戦略策定の手法が開発され、一九七〇年代には分析的戦略策定の全盛期が到来したのである。そして、ピーター＆ウォーターマン（Peter, T. J. & Waterman, Jr. R. H. 1982）の研究である『エクセレント・カンパニー』は、優良企業の特徴をコンサルタントとしての実務経験から意味づけたのであった。彼らの研究活動の他には、経営戦略論の理論と実践から、より普遍的かつ具体的な方法を求めた現れとして、経営の国際的比較の問題や経営移転の成否の戦略的な要因の研究等があげられる。

アンゾフが指摘しているように、将来の予見可能性が新奇の非連続性に位置する今日、「戦略イシュー経営（Strategic Issue Management）」、「戦略経営（Strategic Management）」などが登場した。戦略論に関する若干の考察を試みてきたが、図表２-３が示すように、今日の激動性の水準は、「創造的」に達している。したがって、今日は柔軟／迅速な対応による管理が要請されている。

２―６　経営理念とドメインの設定

経営理念は組織の存在意義や使命を普遍的なかたちで表した基本的な価値観である。これによって経営者は会社や組織は何のためにあるのか、企業経営をどのような目的とかたちで行うことができるのかということに関する基本的な考え方を企業内外に伝達し、共有することができる。また、社員に対して行動や目標に対する指針を与えることもできる。その価値観によって、企業活動の公正な判断基準をもたらし、企業への求心力にもつながる。すなわち、経営理念は企業文化を形成する重要な要素である。

経営理念の内容は、行動規範的なもの、経営戦略の成功のための鍵概念や経営姿勢を示すもの、企業の存在意義を示すものなどいろいろなかたちで表現される。一般的には社会・顧客、および社員の三者に関する理念が設定されることが多い。なお、企業ビジョンという言葉も経営理念と似た言葉として使われることが多いが、これは経営理念のうち、未来のあるべき姿に焦点を当てたものである。

次に、ドメイン(domain)について考察してみよう。元来、このドメインという言葉は、領土、範囲、領域、生育圏などの意味を指すものであるが、斯学では、「諸環境のなかで組織がやり取りする特定領域」であると定義できる。すなわち、組織体が活動し、生存していく領域ということであり、より具体的にいうならば企業が行う事業活動の展開領域である。コングロマリットのようにどんな分野にでも進出する企業もあるが、大部分は、企業の限定された領域を定義している。ドメインの定義とは、企業がどのような事業領域を選択するかという問題である。

しかしながら、ドメインを定義するということは、競争相手と戦う土俵を規定することでもある。企業のアイデンティティが定まることで、企業経営の注意の焦点が限定されることや、組織としての一体感が醸成されることといった効果が期待できる。企業はドメインを定義することにより、自らの生存領域（一般には、市場、業態、業種の選定）を明確にし、将来の進化の方向をも宣言することになる。すなわち、ドメインの定義は、企業が現在と将来を通じて、どのような社会的使命や社会的価値を実現しようと考えているのかを、社内外に表明する基本的な手段なのである。

2―7　理念に基づく経営戦略推進

戦略とは、環境の変化に対して柔軟・迅速に対応することであるが、環境の動向に流されたり、周囲の状況に惑わされたりする場合もある。環境にあわせて企業の方針を変化させていては、企業の本来的な行動目標を達成することは困難である。ここで重要なことは、基本的に企業の方針をしっかりと堅持して、主体的に環境に対峙することである。これまでの日本企業は、環境の変化によって問題が発生したり、周囲から圧力がかけられるまで何もしないという受け身の対応が多かった。

例えば、金融ビッグバーンに代表される金融改革、日本経済の構造改革などは外国からの圧力で進められている。いままでの日本企業の対応は、確かに問題化したものに対しては非常に巧みに対処するか、あるいは、何とか乗り切ってきた。日本は海外から集団としても、個人としても日和見的だとか、その場しのぎで終始するといわれてきた。したがって、国としても、企業としても、単に状況に合わせて反応するのではなく、主体的に自身の行動規範をもって実行することが望まれている。そうでなければ、どんなに経済的に成功しても、優秀な製品を提供したとしても、世界から高く評価される存在とはなりえないであろう。このしっかりした考えをもつということが、すなわち、理念を確立することである。経営理念を明確にし、それに基づいて主体的に環境に対応するマネジメントの枠組みをつくることが必要である。これは、理念から始まって実行計画をつくり推進するという一連の有機的なプロセスを組み立てることである。

このようなフレームワーク、すなわち、経営戦略のプロセスの概念は、図表2‐4のように表すことができる。ただし、これらのプロセスや内容は企業の実態や経営者の考え方によって、実際にはさまざまなバリエーションがある。次の点を明確にし、実行可能なトータルシステムをつくり上げることである。

- 理念の明確化
- 理念の社会への徹底、定着させるためのビジョンの作成
- 長期的な目標や課題の設定
- 上記達成のための、指針的な長期計画と具体的な実行計画の作成
- 一連のプロセスを推進する体制と管理システムの確立
- 目標・課題・計画のための環境予測や自社評価の方法やシステムの整備

そして、内部システムの資源配分はこの理念に基づいて決定され、運営されることが必要である。すなわち、理念を単なるスローガンに終わらせずに浸透させるには、企業の活動や経営システムすべてに反映させていかねばならない。

企業理念あるいは経営理念とは、企業を経営し、具体的な活動をするにあたっての基本的なより

図表 2-4　理念に基づく経営戦略のフレームワーク

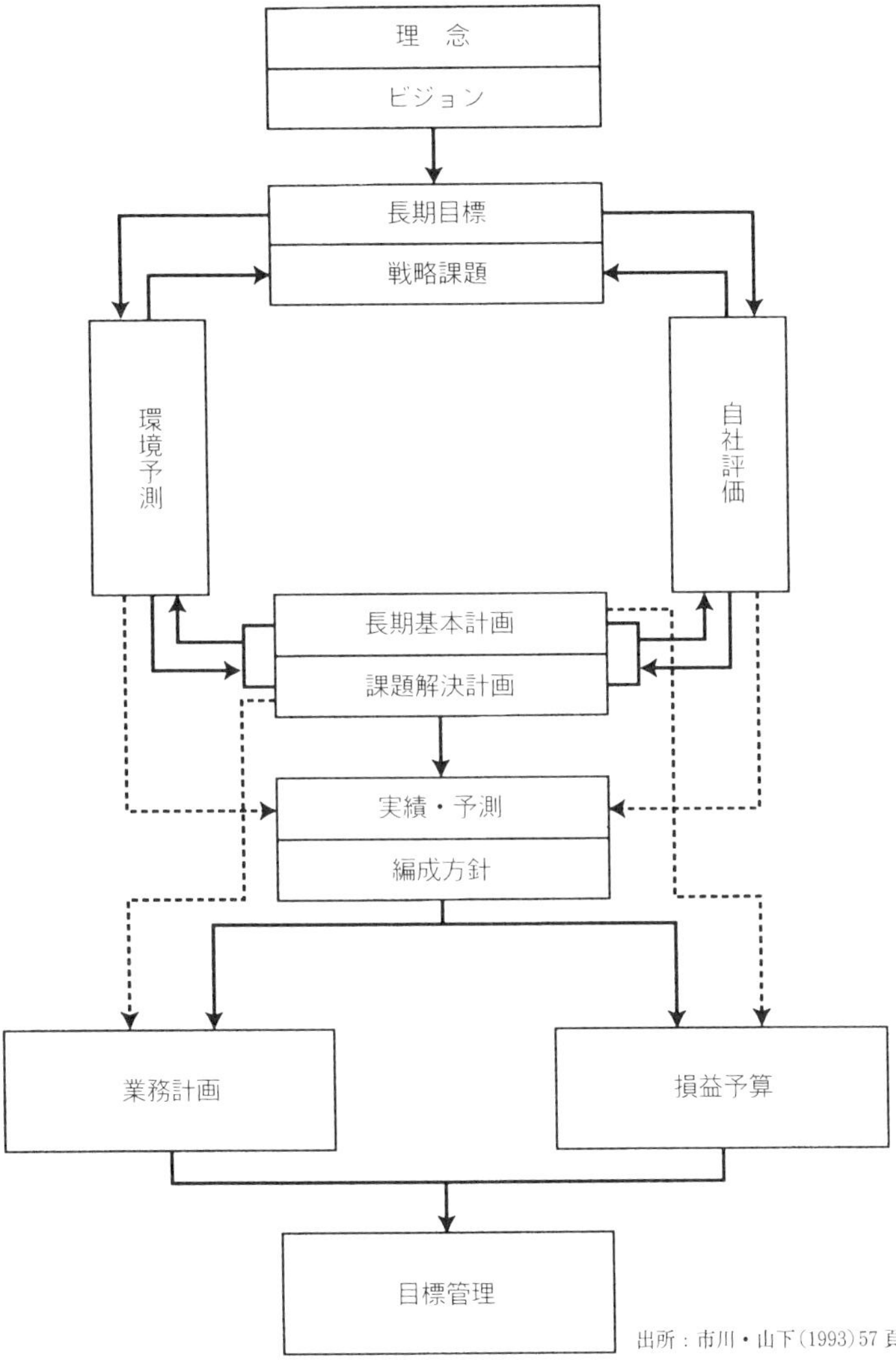

出所：市川・山下（1993）57 頁

どころとしての考え方である。経営者トップの経営哲学や信念を反映したものであり、その意味づけとして社是、社訓、会社綱領として表される。理念はまず大きく二つに分けることができる。第一は、企業目的あるいは存在意義に関する理念、第二は、これを実現するための企業の運営・行動に関する理念である。

●目的理念

目的理念は、社会に対する自社の存在意義に関わるものである。何のために企業が存在しているのか。あるいは企業を創立し、経営するにあたっての社会的使命感である。その中で一般的なのは、顧客に対する効用をどのように提供するのか、社会一般や取引先に対してどう考えているのかなどといった表明であったりする。すなわち、ステークホルダーに対する取り組みや貢献をあげていたり、最近では、従業員に対する責任といったものを目的にするところも多くなってきた。

●運営理念

運営理念とは、企業の具体的な活動方針に関する基本となる考え方や意識である。これは主として社内向けのものであって、社会に貢献するための手段や行動について、尊重すべき考え方や基準を示したものである。これを経営指針、基本方針あるいは行動基準と呼ぶ場合もある。例えば、技術を尊重するとか、人間や組織の力を重視するとか、良き企業市民としての行動をとる、といったものがある。最近では、このような点を広く社会に明らかにして、共感と支持を求めるという考え方もでてきた。ところで、理念は企業におけるすべての基準となるものであるから、わかりやすくて簡潔なものでなければならない。その備えるべき用件としては次のものでなければならない。

思想性：高い倫理性や使命感をもち、共感のもてる内容であること
継続性：状況の変化などで簡単に変化されるようなことのないこと
明示性：誤解の余地がないようにはっきりと表現されること
包括性：部分的、特殊な分野に偏らず企業活動全体に関わること
独自性：他社と差別化できること、創業者や経営トップの個性が反映されたものであること
整合性：内容に矛盾がないこと

2―8　ドメインの表現方法

ドメインの表現については、こうでなければならないということはない。事業に関する理念が込められ、一方で戦略的な事業展開が可能となるように事業を規定する。このような観点からドメインの表現を三つの方法に分けることができる。

- 理念や社会との関わりを表現する――社会貢献の手段として事業を定義づけるものである。すなわち、文化を向上させる、生活を豊かにする、問題解決をといった機能をその事業領域の役割として規定する。
- 技術や機能をベースに表現する――特定の具体的な技術や機能を基盤にその展開として事業領

域を規定する。例えば、磨く伸ばす、あるいは水などの液体の処理、不燃といった技術、さらに運ぶ、包む、飾る等の機能をベースに事業展開する。そのことがドメインであるとするのである。ここでも社会とのつながりやニーズとの関連を考えることは重要である。これらと社会や生活との関連を明らかにしたものがある。

- 事業分野に関する具体的なビジョンを表現する――めざすべき事業分野を明らかにするもので、このタイプは従来からしばしば行われてきた。例えば、インテリアの総合化、総合素材企業、レジャーのデパートなどがある。現在の事業の周辺への拡大、あるいは技術革新によって品質機能の向上や多様化など拡大総合化型が多いが、高級化や特定顧客など、ある分野に特化・深耕するというケースもある。健康食品への特化、教育市場において最も信頼される企業などがこれにあたる。

上記のようなドメインのタイプも厳密に分けなければならないものでもない。現実に、これらが混じり合った表現もあるし、生活文化企業とか創造企業といったかたちの企業規定もドメインとしての機能を果たしている。要するに、目的や機能を満足させる事業規定をすることが大切なのである。

2―9 理念的な事業規定としてのドメイン

事業ビジョンとは、企業理念を事業という局面において具体的に描くことである。これは、事業を行う目的、その事業の社会的意義を理念的に明らかにすることである。いいかえれば、企業の社会的貢献の手段として事業を性格づけるのである。ここでは、企業の事業領域、それも理念的な社会貢献の手段として事業を規定することである。ここで、ドメイン、すなわち、事業の理念的表現、理念に基づく事業領域規定の例をあげる。

「C&C」のスローガンで知られる日本電気では、一九九二年に社内に若手による委員会を設けて、それを見直しC&Cフォア・ヒューマン・ポテンシャルというスローガンを作成した。もともとC&Cというのは、半導体の技術を媒介としながら、コンピュータ技術と通信電機技術の二本柱が融合してゆく、という事業展開の方向性を示したものである。そして、このC&Cも従来の「コンピュータ&コミュニケーションズ」という名詞から「コンピュート&コミュニケート」という動詞へと変えている。この点に関して経営トップは「ともに考え、認識を共有することで人間性発揮に貢献し、個人生活までとけ込む事業および価値を創造する事業領域を構築する価値観である」と語っている。このように、日本電気のドメイン定義は、今後の戦略領域を含む将来構想を宣言したものであり、ドメインが企業の推進力として機能するだけではなく、その後の見直しも必要であることを示している。

日本ハム(株)では、「食べる喜びを基本テーマとして時代を画する文化を創造し、社会に貢献する」と表明している。すなわち、自社の事業を通して食べる喜びを基本とする文化の創造に置くとする。こうすることによって単なる食品事業を営むということではなく、社会あるいは人々との生活の接点を明らかにし、そこでの貢献を目的とする企業であることを宣言している。

一九九〇年で創業一〇〇年を迎えた花王には、創業以来今日まで継承されてきた経営理念である「清潔な国民は栄える」という言葉がある。この言葉は、国民が正常な生活を実現するのに必要な製品やサービスを提供し続けることこそが、花王の使命であるということを示しており、この理念に基づいて事業展開がなされてきた。しかし近年になって、これまで蓄積してきた技術を応用することによって、化粧品やフロッピー・ディスクなどの新たな分野で成功を収めている。そこで改めて事業ドメインを明確にすることが求められたのである。「界面化学、油脂化学、高分子科学、生物科学、応用物理の基礎を掘り下げ、応用の幅を広げる」というドメインの再定義を行った。すなわち、技術軸から自己の事業ドメインを再定義してやることから、新たな事業を花王の中に明確に位置づけたのである。

これ以外にも、東芝の「E&E(エネルギー&エレクトロニクス)」三菱電機の「ソシオテック」、サントリーの「生活文化産業」、西武セゾングループの「市民産業」など、さまざまな表現によって自己の存在領域が定義されている。一般的に、日本企業のドメインの定義は長期的な事業展開の方向性を決める軸となる技術や市場を明確にし、組織成員の夢やロマンを引き出すような抽象的な企業像を描くものである。また他方において、米国企業においては、ドメインの定義は顧客志向の色合いが濃い場合が多い。

例えば、IBMでは、機械を売るのではなく、製品の機能を売る。つまり、顧客の問題解決(Problem Solving)に奉仕することである。"IBM means service."

3Mは研磨紙からスタートしニーズを少しずつ開発してきた。多角化は精密な塗布技術と接着技術を幹にして、たとえ市場規模は小さくても次々と新技術を開発するという方針である。今日でも売上高の三分の一は新製品からもたらす、という技術志向の方針を打ち出している。"Make a little, sell a little, make a little more."

モトローラ社の存在価値は、最高の品質の製品やサービスを適正な価格で提供することによって、社会に奉仕することである。"The company exits to honorably serve the community by providing product and services of superior quality at a fair price."

多くの日本企業と同じように、技術や機能の側面から事業ドメインを定義している企業としては、GE（ジェネラル・エレクトリック）がある。一九八一年にCEOに就任したジャック・ウェルチ(Welch, J.)は、サービス分野、テクノロジー分野、伝統的中心事業分野の三領域からなる「三つの円コンシェプト」を使って事業ドメインを再定義し、過度に多角化した事業を整理した。これを達成するために買収と撤退を繰り返したGEでは、世界市場で一位か、二位が見込まれる少数の事業のみに絞るという「No. 1, 2」ポリシーを実行に移し、目標を達成している。

また、トンプソン(Tompson, J. D. 1967)はドメイン・コンセンサスという概念を提供し、それを「組織が何をし、何をしないかということについて、組織メンバー並びに彼らと相互作用の関係にある人々の双方の期待集合を規定する」と定義する。一般的には、ドメインに関する経営側の定義と環境（メンバー）側の定義との重複部分がコンセンサスの領域である。この重なる部分が大きければ大きいほど、その企業のドメインは、社会に認知されていることであり、逆に小さいほど両者の認識のギャップがあるということを示す。新製品や事業の拡大とともにドメインの再定義が重要になったり、あらたにドメインに関するコンセンサスが不可欠になる場合がある。ドメインの定義は、一度決めれば後はそのままで良いということはなく、外部環境との相互作用に応じて動的に進化・革新してゆくものである。ドメインを再定義する際には、現在のドメイン、そして新しいドメインの候補となる代替案を適切に処理しなければならない。それでは、どのような観点からドメインを評価すればよいのか。榊原(1992)は、ドメインを構成する重要な三つの次元として、空間、時間、意味の広がりをあげている。

第一の次元は、ある時点における活動の空間的広がりである。ドメインに関する従来の議論は主にこの次元に注目してきた。一般的には企業の活動が限定された領域に留まっているか、それとも多岐にわたっているかということである。物理的定義よりも機能的定義の方が、ドメインの空間的広がりは大きくなる。

第二の次元は、ある活動の時間的活動である。ドメインが単に現状の事業構成を表すだけのものであるか、将来の事業の展開方向をも示唆するものであるかということである。

そして、第三の次元は、意味の広がりである。ドメインが特定の経営者に固有なものか、社会的に共有されるような普遍性をもっているのかということである。すなわち、普遍性の高い価値や倫理性の豊かなドメインは、意味の広がりの大きなドメインであるといえよう。

長期的な存続と成長を可能にする優れたドメインは、基本的に三つの次元それぞれが、ある程度の広がりをもっており、空間的、時間的、意味的な発展性を内包している。しかしながら、これらの広がりが単に大きければ大きいほど良いというわけではない。空間的な広がりが過度に大きければ、現在の事業の優位性を損なう危険性がある。また、意味的広がりが過度に大きければ、その事業独自の価値や存在意義が失われる危険性が出てくる。要するに、望ましいドメインを評価する際には、以上の三つの次元についてその広がりが適切であるかどうか判断することが大切である。

●参考文献

1 Abell, D. F.（1980）*Defining the Business: The Starting Point of Strategic Planning*, Prentice-Hall.（石井淳蔵訳『事業の定義』千倉書房、一九八四年）

2 Ansoff, H. I.（1957）"Strategies for Diversification," *Harvard Business Review*, Sept-Oct..

3 Ansoff, H. I.（1965）*Corporate Strategy*, McGraw-Hill.（広田寿亮訳『企業戦略論』産業能率大学出版部、一九七七年）

4 Ansoff, H. I.（1984）*Implanting Strategic Management*, Prentice-Hall.

5 Chandler, A. D. Jr.（1962）*Strategy and Structure*, Cambridge Mass: M. I. T. Press.（三菱経済研究所訳『経営戦略と経営組織』実業之日本社、一九六九年）

6 Collins, J. C. & Porras, J. I.（1994）*Built to Last*, Curtis Brown.（山岡洋一訳『ビジョナリー・カンパニー』日経BP出版センター、一九九五年）

7 Hammel, G. & Praharad, C. K.（1994）*Competing for the Future*, Harvard Business School Press.

（一條和生訳『コア・コンピタンス経営』日本経済新聞社、一九九五年）

8 Hayes, R. H. & Wheelwright, S. C.（1984）*Restoring Our Competitive Edge*, John Wiley & Sons.

9 Hoffer, C. W. & Schendel, D.（1979）*Strategic Formulation : Analytical Concepts*, West Publishing Co.（奥村昭博・榊原清則・野中郁次郎訳『戦略策定』千倉書房、一九八一年）

10 石井淳蔵・奥村昭博・加護野忠男・野中郁次郎（1996）『経営戦略論【新版】』有斐閣。

11 伊丹敬之（1985）『新・経営戦略の論理——見えざる資産のダイナミズム』日本経済新聞社。

12 伊丹敬之（1986）「イノベーションにおける偶然と必然」今井賢一編著『イノベーションと組織』東洋経済新報社。

13 市川彰・山下達哉（1993）『現代経営戦略要論』同友館。

14 加護野忠男・野中郁次郎・榊原清則・奥村昭博（1983）『日米企業の経営比較』日本経済新聞社。

15 Koontz, H., ed.（1964）*Toward a Unified Theory of Management*, New York : McGraw-Hill,（鈴木英寿訳『管理の統一理論』ダイヤモンド社、一九六八年）

16 Koontz, H.（1980）"The Management Theory Jungle Revisited", *Academy of Management Review*, 5, pp. 175-187.

17 小林宏治（1980）『C&Cは日本の知恵』サイマル出版会。

18 小林宏治（1983）「C&C戦略の形成と展望」『ビジネスレビュー』第三一巻第一号、ダイヤモンド社。

19 Kotler, P.（1980）*Marketing Management : Analysis, Planning and Control*, 4th ed., Prentice-Hall.

20 Penrose, E. T.（1959）*The Theory of the Growth of the Firm*, Basil Blackwell.（末松玄六訳『会社成長の理論』ダイヤモンド社、一九八〇年）

21 Peter, T. J., & Waterman, Jr.（1982）*In Search of Excellence*, New York : Harper & Row.（大前研一訳『エクセレント・カンパニー——超優良企業の条件』講談社、一九八三年）

22 Rumelt, R.P.（1974）*Strategy, Structure and Economic Performance, Division of Research,* Harvard Business School.（鳥羽欽一郎・山田正喜子・川辺信雄・熊沢孝訳『多角化戦略と経済成果』東洋経済新報社、一九七七年）

23 榊原清則（1992）『企業ドメインの戦略論』中公新書。

24 Thompson, J. D.（1967）*Organizations in Action.* New York: McGraw-Hill.（高宮　晋監訳『オーガニゼーション　イン　アクション』同文舘、一九八七年）

25 土屋守章（1984）『企業と戦略』リクルート出版。

26 吉原英樹（1986）『戦略的企業革新』東洋経済新報社。

第3章　先端技術企業の経営戦略と競争優位

既存の技術によって従来その産業をリードしてきた企業が、その技術をさらに進歩させることによって競争優位の維持をはかっている間に、劣性の企業や新規参入の企業が新技術を開発して競争優位を逆転させることもある。産業の発展過程では、このように技術革新をめぐる企業間の競争がダイナミックに展開されている。従来、産業が成熟化すると技術革新の余地がなくなり製品開発も進まなくなるので、それらの企業は停滞すると考えられてきた。しかしながら、成熟産業であっても新技術の導入や開発によって再び技術革新の競争が激化し、その産業自体が活性化される場合もある。そのとき新たな競争と技術革新にどう対応したかによってその後の発展が変わるといわれる。

3―1　日本企業の競争優位

戦後五〇年を経過し、わが国経済は、従来の産業分野で多くの困難に直面している。その本質的な解明とそのための対策を各企業がどのような戦略で実施しようとするのか。日本企業が戦後一貫して追及してきた目標として、製品の生産性向上と品質の安定性をあげることができる。これらの目標は、ポーター(Porter, M. E. 1980)の『競争の戦略』で主張するコストリーダーシップ戦略ならびに差別化戦略に相当するものである。今日、日本企業の国際競争の強さは、相反する概念を同時に追求することにより、両立が難しいと考えられてきたこれらの目標を、戦後五〇年にわたる漸進主義的な発想で克服してきた経緯であるといえよう。

一般に、ポーターの主張の本質である「安くて良い製品をつくるのは困難である」という概念は、彼の三つの基本類型のうち、二つの基本戦略であるコストリーダーシップ戦略と差別化戦略がトレード・オフの関係にあることを示している。コストリーダーシップ戦略は、他社よりも低い製造コストを実現し、低価格化によって競争優位をつくり出そうとする戦略である。この戦略においては、製品の標準化を進めて大量生産による規模の経済性を実現することや製品・部品の原価管理および工程管理を徹底して追及し、欠陥品と在庫品の無駄を排除し効率的な生産体制を整備することが重要な活動内容となる。他方、差別化戦略は、自社独自の製品やサービスによって独特な品質やブランドイメージおよび便益を売りものとし、そこに競争優位を生み出そうとする戦略である。この戦略においては、ある程度のコスト高はやむをえないが、コストが高くついてもそれによって他社製品の及ばないような高い品質や便益を実現したり、あるいは広告・宣伝の努力によって独特なイメージを形成しようとする。これらの二つの戦略は、その性格上、同時に追求することが難しいとされている。

図表 3-1　価格と品質とのトレードオフ関係

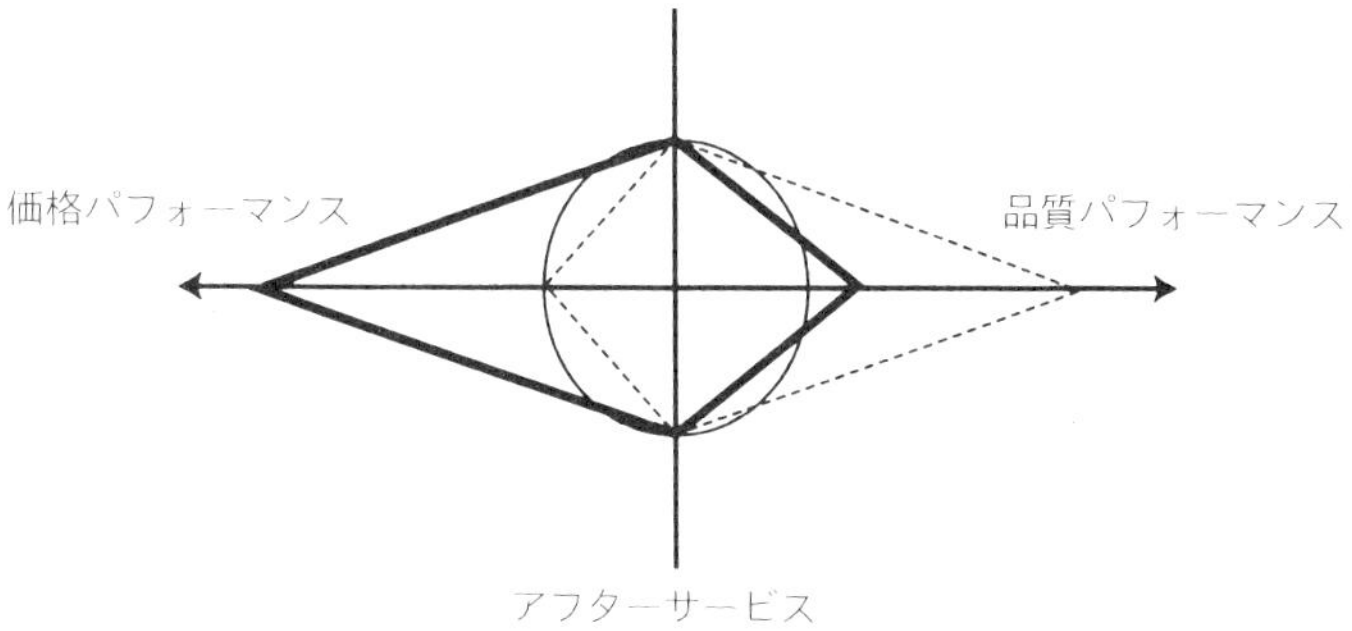

それでは、なぜコストリーダーシップ（低原価）と差別化を同時に追求することが困難なのか。それは、どちらを追求するかで管理の方式や研究開発の重点の置き所、さらには市場動向に対する感受性のあり方など、企業経営についてのさまざまな仕組みや考え方に差異が生じてくるからである。差別化を志向する仕組みや体質を持ちつつ低原価を追求することは困難であり、低原価を追求する体質を持っていれば差別化戦略の発想が出にくくなる。しかしながら、現実には、「安くて良い製品はできない」という主張が、ある意味では否定され、国際競争力のある製品が数多く市場に出回っている。特に、技術革新が顕著であるようなハイテク製品分野では、日進月歩の勢いで価格競争力の高い製品が登場している。このような状況は、近年の情報技術の急速な進展と顧客嗜好の多様化に裏づけられて、結果として多品種少量生産という新たな生産システムの進展を促したことを看過してはならない。

今世紀後半に起こった機械・電子技術（メカトロニクス）

の飛躍的発達によって、NC工作機械や産業用ロボット、マシニングセンター、自動搬送車など高度のインテリジェンスを持つ機械が配備され、多様な仕様の製品を変量生産できるフレキシブル・マニュファクチャリング・システム（FMS）が実用化されるようになった。その結果、従来の標準製品とは差別化された多様な製品が、標準品と変わらないような低価格で供給されるようになる。

3―2　日本企業における競争の戦略

わが国の第二次産業を中心とした先端技術（ハイテク）製品は、いまや成熟化しているといわれている市場、および顧客の行動様式にいかなる変化をもたらしうるのか。一九七〇年代以降の狂乱物価の反動による経済不況期と一九九〇年代のバブル崩壊後のわが国経済の景気後退とは確かに大きな違いをみることができる。オイルショック後の不況期には、顧客のニーズに細かく対応してゆけば商品が売れるといわれていた。顧客嗜好の多様化、市場のセグメント化といわれ、モノの豊かさに裏打ちされた価値観の個性化時代に突入した観がある。産業における生産体制は、規模の経済性を追求した大量生産システムから、多品種少量生産に移行し始めたのもこの頃である。企業の側面からすれば、大規模な工場で単一品種大量生産を追求したほうが生産効率および管理の容易さなど利点は大きいのだが、もはやそのような論理は通用しなくなってきている。このような状況は、従来型の企業家の論理を重視した製品―市場形態から消費者志向重視へとパワーの転換が生じたとみることができる。

さて、日本の産業発展を概観してみると、初期の段階での技術革新はほとんどわが国でなされることはなく、大部分は欧米各国で標準的な概念ができあがっていた製品を模倣ないし導入してきた状況であった。戦後の混乱期、技術的な後進性を国家主導的な育成ないし行政手法によって、僅かの間に復興させたのであった。一九六〇年代には、市場の急成長に伴い自ら工程革新を進めるとともに、欧米の改良技術を積極的に導入した。この時期、開発責任者は、実験室レベルの「技術の種」と称されるものさえも積極的に導入して改良を進めている。需要の急速な伸びを通して工程革新が進むとその間での工場設備、すなわち工程においてもほとんど同じ設備機械を持つようになる。需要の伸びが鈍化するにつれて、産業では大きな技術革新はむしろ回避され、製品や工程についての小さな改良を重視していく、いわゆる「積み重ね革新」(incremental innovation)を重視するようになる。これによって産業の生産性はさらに向上していく。

わが国の「積み重ね革新」は二つの方法で制度化されたところに大きな特徴がある。第一には、実験計画法や統計的手法などを応用し、製品の規格やデザインを細かくチェック・修正して歩留まりの向上や品質の安定を求めたものであった。第二には、QCサークルやZD運動のように現場作業者によって積極的な改善・提案運動を全社を挙げて推進してきたことであった。これらの方法は、低迷する一九七〇、八〇年代の欧米企業の注目を引くとともに、日本的経営の強さとして高い評価を受けたほどである。日本製品の競争力の向上の理由としてこのことを看過することはできない。工程技術の革新の大きな進展がないようなときに、QC活動などの改善や修正を少しずつ積み重ねていくことは、全体の工程や製品の品質に大きな影響を及ぼすものである。しかしながら、生産性が向上してくるに従って、この既存の生産および販売のシステム全体の変更に関わるような大きな技術革新はむしろ回避されるという状況に至る。これがアバナシー(Abernathy, W. J. 1978)の「生産性のジレンマ」といわれるものである。

日本の高度技術を支えた産業について、日本と欧米とを比較してみると、生成期において二〇年程、成長期においては約一〇年のズレがあった。欧米において既存の産業が成熟期にかかっていた一九七〇年代、わが国においては偶然にも高度成長期にあたり最新鋭の生産設備をもつことができた。このことは、わが国の国際競争力を急速に強めた大きな要因の一つに数えることができる。しかしながら、QCサークルやZD運動に代表されるような改善は、所詮「積み重ね革新」であり、その延長線上にエポックメイキングな新技術があり、新産業の創出や産業の活性化をもたらすものではない。今日のわが国産業の低迷や雇用の削減などの問題は、すなわち独創性の欠如とか、新しい着想を評価しないという企業文化とも関わりがあると主張したい。

これまでに競争優位を確立してきたVTRやカラーテレビなどは、近年の日本製自動車と同様にわが国の経済を牽引し、国際競争力を高めてきたことは確かである。日本企業のもつ製品開発力やコスト・パフォーマンスは、既存の技術体系を推し進めていって、より高度の製品を開発するとか、それを他の種類の技術と組み合わせていき新製品を着想するといったことが多かった。しかしながら、そのこと自体それ以上のものは何も産まない、というのは既存の技術体系を超えた全く新しい着想の場合は、日本では適正に評価されないといった傾向がある。情報産業の基幹デバイスといわれるようなCPU(Central Processing Unit)とかOS(Operating System)などは、前者はインテル社、後者はマイクロソフト社が主導している。マイクロプロセッサーの着想は、日本で生まれたといわれているが、これを評価し製品化したのはインテル社であった。家電産業界において、従来型の「白モノ電化製品」というようなものから、ことごとくマルチメディア関連商品へと変化したという事実は、秋葉原電気街(関西は日本橋電気街)を探索すれば一目瞭然である。内外価格差是正のために、製造業は日本での内製化を取りやめ、海外現地生産へと急速に動き出している。

前述のポーターの「安くて良い製品をつくるのは困難である」という概念は、一九八〇年代においては日本製品の登場によってある意味では超越され、国際競争力のある製品が市場に出回ったのである。もっとも技術革新が顕著であるようなハイテク製品分野では、今日でも価格競争力の高い製品も多いのだが、かつてのメイド・イン・ジャパンというレッテルははがされ、NIES現地法人製のモノに変わってしまっているようだ(一九九四年においてカラーテレビは海外生産額が国内生産額を上回った)。日本にとって、アメリカは「標準」として機能し、またアジアは「利潤」を生み出す源泉となった嫌いがあり、モノづくりにおける「アイデンティティ」の喪失にも繋がりかねないところまで来ているのではなかろうか。このままでは、価格引き下げのために海外生産がさらに進み、国内ではリストラという名のもと人員削減、市場における価格破壊が進むという悪循環に陥ってしまうリスクがつきまとう。結果として、国内産業の空洞化という深刻な景気後退を経験せざるをえなくなってしまう恐れが出てきた。原点であるモノづくりの基本に立ち返りながら、いかにしたら競争力のある製品を企業は出していけるのか、ここに今一度真剣に考察する必要性が存在する。

3―3　生産性のジレンマと脱成熟

製品の市場での売上高と時間的な趨勢との間には、導入期、成長期、成熟期、そして衰退期というライフサイクルがあるという考え方はいわば常識となっている。縦軸を売上高、横軸を年数とすると図表3-2のように年とともに大きくなって、やがて成熟し、しだいに消えていってしまうというライフサイクルができあがる。ライフサイクルの形状は、一概にはいえないのだが、一般的にはS字型をしているといわれる。それは、導入期では、それほど成長率は高くないのだが、成長期に入って急速に高まるという理由からである。この考えを基にして、PPM(Product Portfolio Management)などのマーケティング政策などが策定・実行されている。このライフサイクルの概念は、確かにあまりにも単純であり複雑な製品―市場の関連性を説明することには限界があるものの、しかしながら、ライフサイクルの位置によって、競争のあり方や企業経営のあり方が変わっていくさまが理解できる。すなわち、ライフサイクルの概念を用いることによって現実の各産業の競争のあり方を見るとさまざまな現象を洞察することができるようになるという点では優れている。

アバナシー(Abernathy, W. J. 1978)は、ライフサイクルの各段階とその産業内の技術革新の性質との関連を説明している。彼によれば、製品の導入期においては、さまざまな製品形態が現れ、価格や品質には見劣りがするものの相互に自社の製品革新を競い合う段階であるという。やがて、こうしたさまざまな製品革新の成果を基礎として支配的な(dominant)製品が現れるようになる。支配的な(dominant)製品が市場で売り上げを伸ばすようになると、他社は、市場に受け入れられた支配的な(dominant)製品を追従して製造するようになる。この段階で、製品としての標準的な仕様や規格が決定されることになる。これ以降は成長期といわれる段階に移行し、もっぱら低価格化をめざして価格競争に突入してゆく。したがって、この時期では各社とも、その製品をいかに安い原価で製造するかが重要な目標になってくる。ここでは、生産工程をいかにするかという問題に関わってくる。すなわち、その産業の成長期から成熟期にかけて、工程革新が積極的になされ生産技術が著しく進歩する。この時期に技術革新の中心が製品革新から工程革新に移行し、それについていくことができず、製造原価を低下できない企業は市場から淘汰

図表 3-2　自動車産業における生産性のジレンマと脱成熟

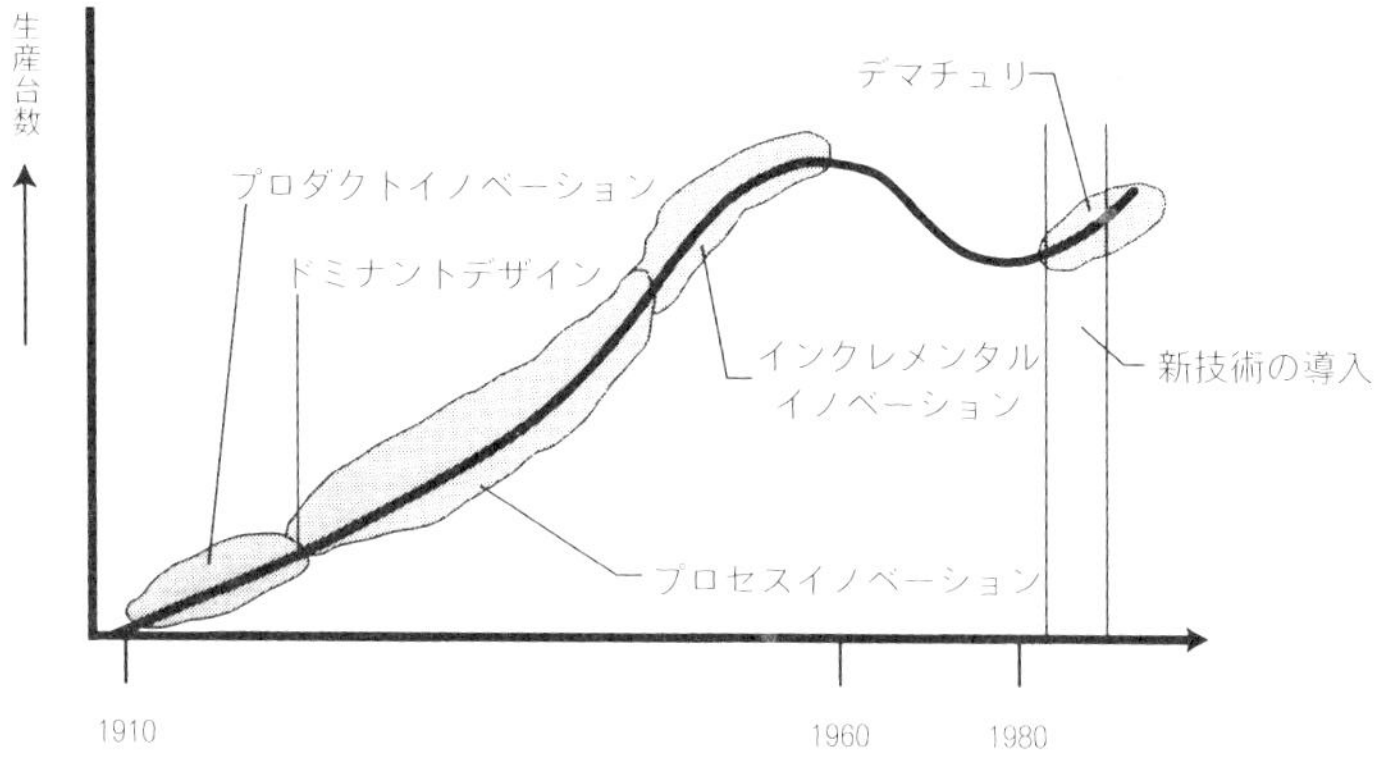

されていくことになる。

この時期のさまざまな改良は、次々と積み重ねられ、製造コストと品質・性能とに大きく寄与するような「積み重ね革新」(incremental innovation)が行われることになる。次の成熟期に入ると、市場の伸びも大きくはなくなり、工程革新も製品革新も積極的にはなされなくなるが、積み重ね革新によって品質の向上や低原価はさらに進む。しかし、新技術(new technology)と呼ばれるような大きな革新は、むしろ産業内からは出なくなるという兆候が現れる。このことをアバナシーは「生産性のジレンマ」と呼び、それをある産業内での一般技術の成熟化現象とみることができる。

これまで述べたプロダクト・ライフサイクルの仮定を、わが国のVTR、自動車、電卓、水晶発振時計などを例にとり説明することは容易である。新宅(1994)は、わが国企業の技術転換と企業行動を分析し、創造的破壊のプロセスを明らかにしている。カラーテレビ、腕時計、電卓というわが国を代表する先端技術製品がどのようなプロセスで技術的な転換を成し遂げていったのかをみることができる。そういう意味では、技術を管理する能力や他社との競争優位を新技術の開発におくという技術志向的な発想が不可欠である。新たな製品を開発することにより、市場を創造するだけでなく、むしろ製品ライフサイクルを管理したり、新たなライフサイクルに乗り換えたりすることも可能である。国際競争力をもちかつての花形といわれた製品には、市場が飽和状態で買い換え需要を期待するしかないものとか、製造コストぎりぎりで価格破壊といわれる状況にあるようなものも少なくない。まさに「製品には寿命」があるというライフサイクルの概念を鳥瞰する思いである。

アバナシーは「プロダクティブ・ユニット」の発展に伴うこのような革新と生産性とのトレード・オフを「生産性のジレンマ」と呼んだ。製品と工程とは密接に関わっているとの認識から、これらを結びつけた「プロダクティブ・ユニット」なる概念を分析の対象としている。アバナシーは、アメリカ自動車産業の詳細な分析からこのプロダクティブ・ユニットは、技術的に流動的な段階から特定化段階へと発展することを明らかにした。技術的に流動的な段階とは、一般に工程革新よりも製品革新が優先され、頻繁に新製品が登場するような状況を意味している。いわば製品の価値や有用性を消費者にアピールし、ドミナント製品として認知されるかどうかが企業の大きな関心事である。それから、成長期の後半には特定化段階に突入し、技術革新の内容を製品革新から工程革新へと変化させる。その後は、より末端部分の技術革新や工程の革新へと注意が向けられる。さらに工程技術は初期のジョブ・ショップ、バッチ生産から次第に流れ作業やオートメーションへと発展していくが、この間、製品革新は起こりにくくなるが生産性は向上する。

このように「積み重ね革新」は頻繁に行われるが、一方では製品の需要を急激に上昇させるような「新技術」の登場はなくなってしまう。一九七〇、八〇年代のわが国の家電製品や自動車の成長は、日本が得意とする品質改善の積み重ねや提案制度などグループ・ウェアによって可能となったことは明白である。他方、アメリカではこの時期、さまざまな分野で成熟化が進み、国内産業の空洞化が進展していた時期に当たる。アメリカ産業の停滞は、深刻な経済後退を長期にわたってもたらしたものの、逆説的に現在の情報技術の中核技術とされるさまざまな新技術（new technology）をもたらす契機になったことを看過してはならない。この新技術により、アメリカの製造産業は衰退期から脱し、脱成熟化の過程へと移行したということを考慮に入れなければならないであろう。

3―4　成熟産業の脱成熟化

企業の盛衰は世の常である。既存の技術によって従来その産業をリードしてきた企業が、その技術をさらに進歩させることによって競争優位の維持をはかっている間に、劣性の企業や新規参入の企業が新技術を開発して競争優位を逆転させることもある。産業の発展過程では、このように技術革新をめぐる企業間の競争がダイナミックに展開されている。従来、産業が成熟化すると技術革新の余地がなくなり製品開発も進まなくなるので、それらの企業は停滞すると考えられてきた。しかしながら、成熟産業であっても新技術の導入や開発によって再び技術革新の競争が激化し、その産業自体が活性化される場合もある。そのとき新たな競争と技術革新にどう対応したかによってその後の発展が変わるといわれる。既存の製品技術産業が新たな技術の導入によって再活性化する現象を脱成熟(dematurity)と呼ぶ。この脱成熟の概念について検討を加え、その内容を明らかにしたい。

脱成熟は、その産業における従来の競争のあり方を技術的に一変させる非連続的な変化である。このような断続的な変化は、従来型の技術革新とは異質なものであり、図表3-3で表されるようにライフサイクル全般に関わる製品プロセスと工程プロセスに大きな変化を与える。技術的に特定化段階にある状況は、一種の飽和状態を意味しておりライフサイクルは下降線をたどり、時間の経

図表 3-3　技術革新の脱成熟化プロセス

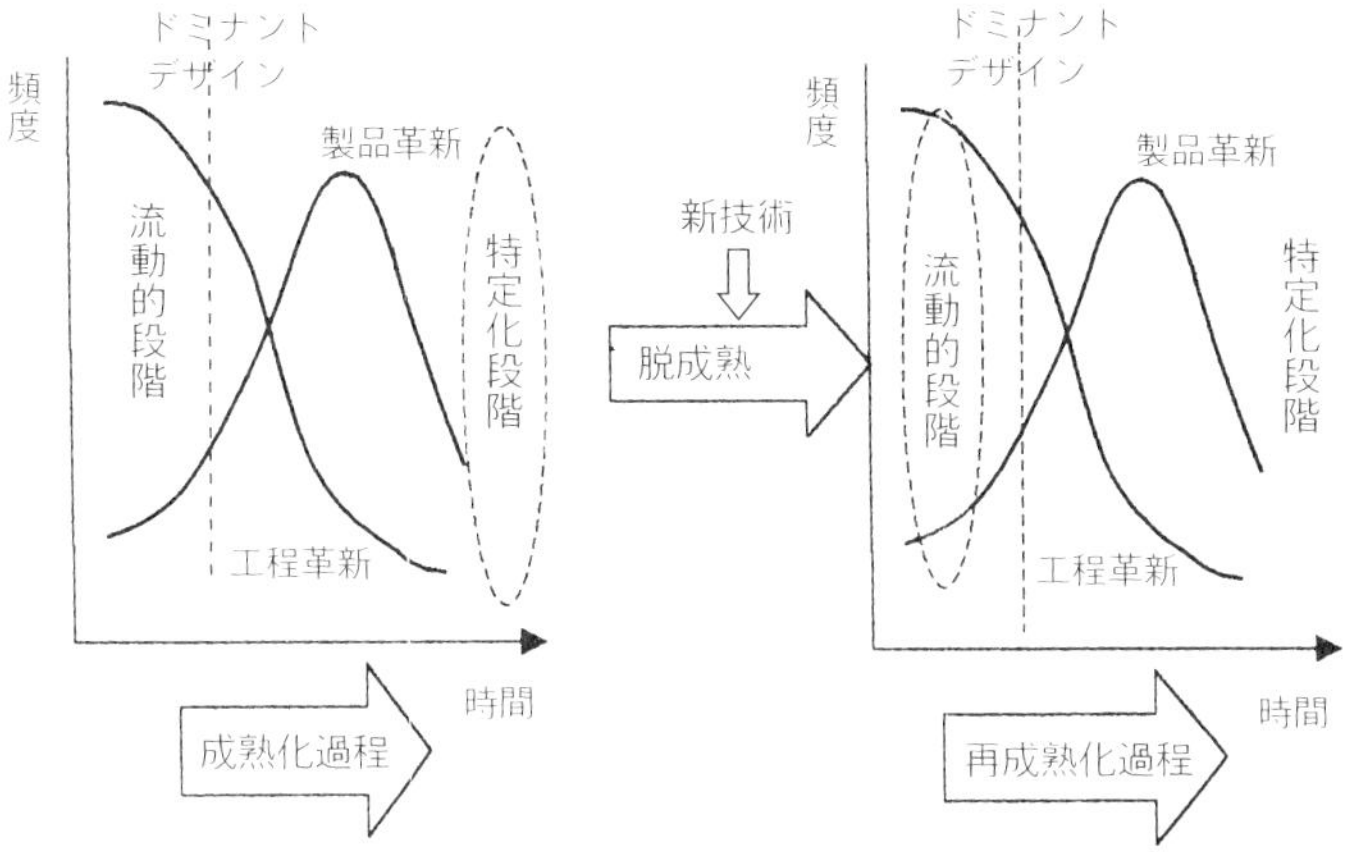

出所：桑田・新宅（1986）p. 165. を修正

過とともに売上や利益は逓減していく。この状況を打破してゆくためには、新たなコンシェプトや全く新しい技術の導入が不可欠であり、そうしなければ新たなライフサイクルに乗り換えることはできなくなってしまう。すなわち、技術の特定化段階から流動的段階への変化が不可欠なのである。この流れは、一般にいわれるところの技術に関する創造的破壊をさす。

成熟化を促進する技術革新は、既存企業の競争力を強めたりその適性を高めるのでコンサーベーティブ・イノベーションと呼ばれる。他方、脱成熟を導く技術革新は、既存の強みの価値を低下させたり、陳腐化させたり、競争上のルールを根本的に変えたりする。したがってこれをラディカル・イノベーションと呼び、両者を明確に区別する必要がある。既存企業にとって、この二つの技術革新に関する競争上の意味づけは大きく異なる。技術革新がもたらす競争上の効果は、それによって競争相手よりも高い品質や性能を実現させたり、他社よりも安いコストで製造できるようになることである。それでは、どのようにしてこのような技術革新の効果を実現しているのか、製品の機能向上とコスト低下の観点より暫くみてみよう。

まず、製品の機能向上に関しては、情報技術の長期的な発展パターンを明らかにしようとしたいくつかの研究がある。その中で、サハル（Sahal 1981）、フォスター（Foster 1986）の研究を概観したい。[3]

3　彼らの研究に関しては新宅（1994）『日本企業の競争戦略』に詳しく紹介されている。特に彼らの分析結果は、新宅の実証的な研究に大きな影響を与えたといえよう。七―三二頁を参照のこと。

サハルの『技術革新のパターン（*Patterns of Technological Innovation*）』は、技術進歩のメカニズムを理論的に整理した上で、広範な実証研究を行っており、その後の研究の基礎を築いている。サハルは、技術進歩のパターンを次のように定式化している。

$$\log Y_t = \alpha + \beta \log X_t + \gamma \log Y_{t-1}$$

Y：技術成果の尺度，t：時間，X：経験量，α, β, γ：定数

サハルは、この式を広範な産業に当てはめ統計解析を行い有意な解析結果を得た。例えば、農業用トラクターについて技術成果の尺度として燃費を用い、経験量としてはトラクターの累積生産量を選び、回帰分析の結果は有意な正の関係を確認した。また、コンピュータについて技術尺度として演算速度を選び、同様の関係を分析した。いずれの場合も、上述の式が意味しているとおり、経

験量の増大とともに技術成果は高まり、しかもその率は逓減している。

このような経験を基にして、それらの研究を発展させたのが上述のフォスターによる『イノベーション（*Innovation*）』である。彼によると縦軸に技術開発の成果としての製品の機能をとり、横軸に製品に投じた研究開発努力（資金、努力）の累積をとると、その関係はS字型の曲線を描くという。すなわち、この関係は、投じた努力に比してその成果の伸びは始めは緩慢で、その後急速になり、やがて緩慢になり、最後にはどんなに資源を費やしてもほとんど成果が上がらない限界に達する。技術的成果の説明変数として採用された研究開発努力の累積も、一種の経験量を表す変数である。他方、コストについては、累積生産量が増加するにしたがって、一定の比率で生産コストが減少する、という経験曲線の効果が確認されている。先にあげたサハルの研究と同じように、経験曲線においても累積生産量が経験量を表す代理変数と考えられる。

すなわち、経験曲線は次のように定式化することができる。

$$\log C = a + b \log CV$$

CV：累積生産量，C：単位当たりコスト a，b：定数

ここで CV は累積生産量、C は単位当たりコスト、a と b は定数を表す。なお b がコスト低下の割合を表しており、累積生産量が倍増したときのコスト低下の割合を示す習熟率（r）は、$r=2^b$ となる。この習熟率は産業によって異なるが、同一の産業内の企業では、ほぼ一律であるといわれ

てきた。経験曲線は縦軸に単位コスト、横軸に累積生産量をとり、通常、両軸に対数目盛を使用すると右下がりの直線として描写できる。以上のような研究成果を総合すると、製品の機能の向上もコストの低下も経験の累積量によって規定されており、それらの進行は次第に逓減するということになる。新宅(1994)によると、このような現象が起きる背景には以下のようなメカニズムが存在するという。

ある生産に携わる企業は、その開発や経験を通してさまざまな学習を行い、その製品に関するさまざまな知識を個人やグループ、組織内に蓄積する。いわゆる知識創造による経験の蓄積であり、学習効果がもたらす体系化のプロセスである。それによってもたらされた技術革新の成果が、製品の品質向上や低コスト化へと繋がってゆくのである。このような知識は、組織の構成員である人、設備施設や研究開発などモノという経営資源に累積的に蓄積され、それが競争優位の源泉になる。技術進展が急速な業種の場合、経験や知識の乏しい企業が新規参入しても既存企業に対抗することは難しい。この連続的・蓄積的な技術進歩のプロセスは、特定の技術体型を精緻化させてゆくプロセスである。

ドシ(Dosi, G. 1982)は、これを技術パラダイム(Technological Paradigm)の下での技術軌道(Technological Trajectory)と表現した。彼は、クーン(Kuhn, T. 1962)の『科学革命の構造』の中で使用されたパラダイムの概念を用い、科学と同様に技術の分野でも当てはまるし、技術パラダイムという概念を主張した。同様に、クーンのいう通常科学の発展が技術軌道に対応する。

このプロセスの中でみられる技術革新は既存の技術をベースとした知識にさらに新たな知識を積み重ねるといった方法であるので、既存の技術をもった企業が有利な競争をすることができる。すなわち、既存企業の強みをさらに強化するイノベーションであるということができる。しかしながら、特定の技術体系のままで知識が累積され、技術の末端まで改善が進むとやがて機能向上やコスト低下の限界に近づいてゆき、新たな技術体系は生まれづらくなる。従来の技術体系の限界を打破する契機になるのが、新技術を利用したラディカル・イノベーションである。このことについて、もう少し詳細に検討する必要がある。

3—5 非連続的な技術変化

従来の技術体系の限界を打破する契機になるのがラディカル・イノベーションである。このラディカル・イノベーションは、既存企業にとって破壊的な効果をもたらす非連続的な技術変化である。まず、前述のフォスター（Foster, R. 1987）の研究から事例をとり、その概念を明らかにし、そしてわが国先端企業の製品事例についても検討を加えたい。

フォスターは特定の技術に基づいた機能向上のS曲線が、非連続的な技術変化によって打破され、新しいS曲線が始まることを指摘している。彼の研究によると、タイヤコードの性能の限界は、その素材として何を選択するかによって異なり、素材ごとに異なるS曲線を描いている。すなわち、綿、レーヨン、ナイロン、ポリエステルの順番で市場に登場し、それが以前の素材の限界を打破していった。図表3-4は、時間の推移を横軸として、このような非連続なS曲線を表している。新しい技術に基づく製品は、何らかのかたちで新しい技術に基づいて市場に現れる。しかし初期の時点では、既存の技術製品を多くの点で上回ることはない。なぜならば旧来の製品は、長年の経験により多くの改善がなされ優れた製品に仕上がっているという理由からである。例えば、初期のナイロンを使ったタイヤコードは、レーヨンに対して耐久性では優れていたが、柔軟性では劣っていた。図表3-4で新技術のS曲線が旧技術のS曲線と交差して描かれているのはこの理由による。初期の段階では、技術的

図表3-4　S曲線と非連続な技術変化

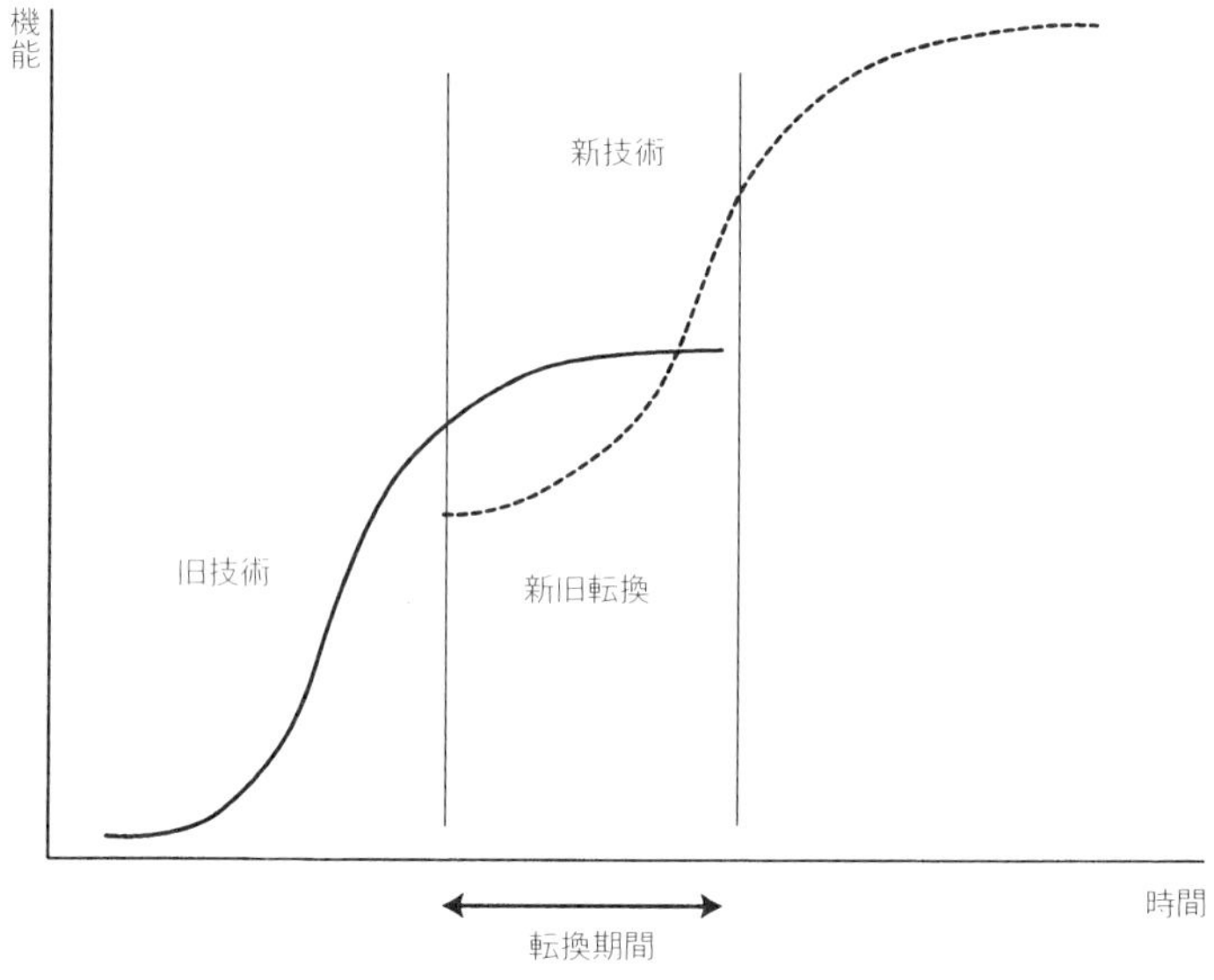

参照：Foster, R. (1986) p. 120, 新宅(1994) 16頁

には優れているが価格が高かったりするので、ニッチ市場から徐々に浸透し、やがて市場で旧来の製品に代替してゆく。既存企業にとって、ラディカル・イノベーションは、それまで蓄積してきた知識や経営資源を陳腐化させてしまうという破壊的な効果をもっている。それによる新製品があらゆる点で既存製品を上回っているということはないので、新たな技術への転換に遅れ、その結果として衰退の道をたどることになる場合が多い。

他方、このような現象の確認は、新宅(1994)の研究によっても裏づけられている。日本におけるデジタルウオッチが機械式のそれを凌駕した事例を引き、製造コストと累積生産量の関係から経験曲線の効果を確認している。さらに電卓およびカラーテレビの事例を引き、ラディカル・イノベーションの事実を確認しつつ、先端技術企業の経営戦略を分析している。ポーター(Poter 1980)の三つの基本戦略に依拠しながらも、成熟期の企業戦略は多くの特徴をもっている。脱成熟をもたらした新しい技術が急速な進歩を遂げている再成熟化過程では、差別化と低コスト化を同時に追求しながらその製品ラインを変化させてゆくフルライン戦略が有効である。上述のように、差別化と低コスト化という相反する戦略を逆手に取り、ラディカル・イノベーションを積極的に追求していく戦略こそ、先端技術企業が取り組むべき方法である。

3―6　工程ライフサイクルと企業戦略との関連性

脱成熟化(dematurity)によって技術が流動的な段階に戻った後に、再び特定化段階に向けて新たな成熟化が進むと考えられる。この場合、製品ライフサイクルが新技術（New Technology）の登場によって新たなライフサイクルに移行するということも考えられるが、特徴的な事柄として工程ないし製品の革新が再活性化するという点があげられる。再成熟化過程では以前の成熟化過程と比較していかなる戦略上の差異が生じるか。脱成熟化によって生まれた製品は、既存の製品を前提として登場し、それを代替しながら市場に浸透していくということである。再成熟化の初期においては、新しい技術に精通した企業が数多く参入してくる。市場の規模が相対的に大きくなり将来の売り上げや成長の見通しが明るければ、新規事業の展開を本格的に進めてくるものである。

腕時計産業の場合、アメリカの半導体メーカーがＩＣ関連の技術を利用して相次いで参入してきた。ＰＣ（Personal Computer）関連は国際的な競合企業が多いのだが、日本の場合、周辺ディバイスを開発するような企業の参入がこのところ目立っている。わが国のＰＣ分野には、かつてのワープロ・メーカーであった企業が、その生産技術とソフトウェア開発力を生かしながら一九八〇年代に参入してきた。今日では、マルチメディア市場と称し、大手家電メーカーや周辺ディバイス関連企業が参入している。この流れの中には、ＰＣの低価格化があり、積極的な低価格政策でマーケット・シェアを拡大し、他社よりも早く経験曲線を滑り降りて低コストを達成しようと考えているのである。

桑原・新宅・土屋（1986）の研究によれば、製品の機能重視型戦略をとる企業が脱成熟をリードする可能性が高いという。企業が脱成熟をリードする可能性は、成熟段階での企業戦略に大いに依存している。成熟段階では、機能重視型(差別化)とコスト(低原価)重視型という二つのタイプの戦略が考えられる。コスト重視型をとる企業では、新しい技術体系を探索して脱成熟に導くという活動はうまれ難く、むしろ機能重視型戦略をとる企業においてその可能性は高い。生産体系をグループウェアないし系列化したわが国のハイテク産業においては、成熟段階で機能重視型戦略をとる場合、脱成熟をリードする可能性が高いと考えられる。一方、再成熟化の段階では従来の製品もしくはそれに関連した知識を活用していくことが戦略上重要となる。製品ラインをフルラインでもっている場合、高級品の分野から新製品に転換し徐々に製品の幅を広げてゆくことも戦略上、重要な手段である。

成熟化の段階でもう一つ大事な要因に製造工程の問題がある。今日の先端製造工程は、伝統的には労働力削減のためのオートメーションとして考えられてきたのだが、企業の競争優位の確保や顧客ニーズに対応した製品サービスの一環として情報技術(information technology)の戦略的利用として進展している。先端製造工程とは、「製品について企業が追求している望ましい競争優位に対して、重要かつ優秀な継続的貢献と支援を与えるような製品の改良をもたらすことを目的とした工程技術」であると定義できる。コンピュータやメカトロニクスといった情報技術を利用して、大量生産システムでありながらフレキシブルに多様な生産を行って製品の多様性を出してゆくような方法がとられている。多品種少量生産という顧客主導型のニーズに応えて多機能な製品を短期間のうちに打ち出さなければならない現状では、経営者の関心は製品の改良と利用価値に移行せざるをえない。単に競争優位の源泉として技術的に進んだ工程を扱うということよりも、むしろ競争優位を得るためにフル・レンジで先端工程技術を利用し、現在の工程技術をシステマティックに改良してゆくことに焦点が合わされる。

ヘイズ&ウィールライト(Hays, R. H. & Wheelwright, S. C. 1979)の工程技術についての研究は、製品ライフサイクルと同じように、生産工程にもライフサイクルがあるという主張である。ある産業が生成の初期から成長期、成熟期に進むにしたがって生産工程も大きな変化を経ていくという考えである。概して、導入期の段階では少量の製品をフレキシブルに製造するが、成長期になると価格競争に突入することにより、安価で大量に製造する技術が必要になる。分業による規模の経済性を発揮し、標準的な製品を大量に造ってゆくことが重要になる。さらに、成長期に達しても積み重ね革新によってさまざまな品質の製品が大量に供給されるということになる。工程ライフサイクルは次のような段階をたどり進展していくという。

Ⅰ　ジョブ・ショップ――町工場のようなもので一品的に職能工が製品を仕上げてゆく。さまざまな作業が要求されて機械・装置は汎用性が求められる。

Ⅱ　バッチ型――断続的な塊として仕上げていく方式である。量のまとまらないものや大型の機械、プラント、および船舶は、今日でもこの方式で生産している。

Ⅲ　アセンブル――連続的な流れ作業である。分業作業が進んだ工場で単能工が工程別に製品を仕上げてゆく。一般的な工場のイメージがこれにあたり、家電製品など日常的に利用する買い

図表 3-5　製品／工程ライフサイクルとの関係

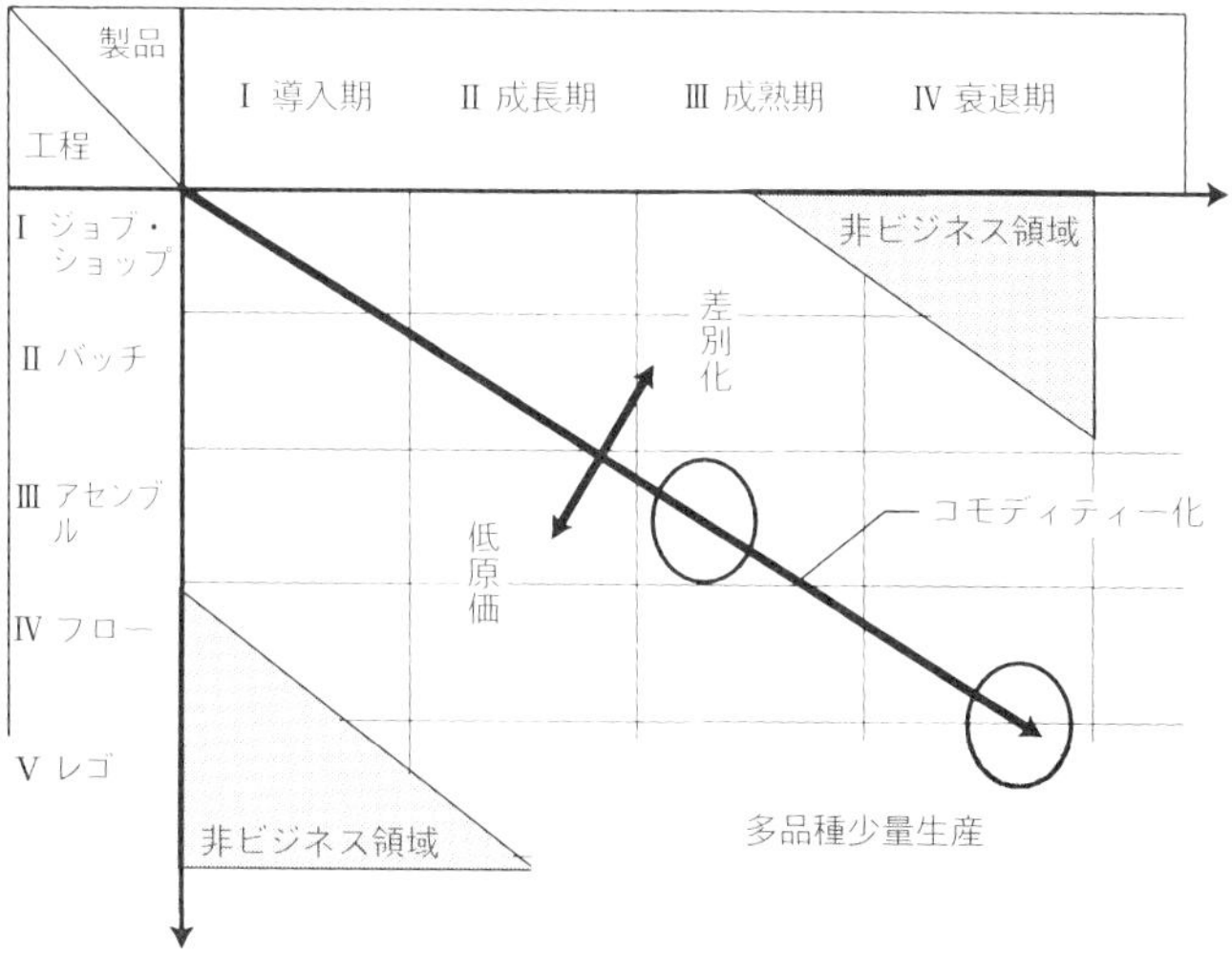

回り品は、ほとんどこの方式で生産されている。

IV　フロー――　連続型工程で、装置産業的に生産してゆく方法である。今日では、多くの産業がこの域に達しているといわれる。典型例として、石油、食品、化学薬品のコンビナートなど各施設・工程をパイプラインで繋げているところにその特徴がある。

図表3-5は、縦軸に工程ライフサイクルをとり、横軸に製品ライフサイクルをとって、これらの関係を説明したものである。工程ライフサイクルの面では、Iでは生産数量も少なく多品種である。導入期であり、機能や価格面では割高感をもたざるをえない。IIでは、生産量がまとまり価格的には安定するが、複数の製品形態が混在している。IIIの段階では

標準的な形態をもった製品が市場を占有するようになって、価格的にも低コストの製品が主流となる。ここでは市場が競争激烈な状況にあって、規模の経済性を追求するために新鋭設備をもった企業が標準製品を大量に製造するようになる。Ⅳでは、高度に標準化した製品を大量生産するようになる。この段階で製品はコモディティー化するといわれる。このことは、工程ライフサイクルの各段階が、すなわち製品ライフサイクルの各段階であるⅠ導入期、Ⅱ成長期、Ⅲ成熟期、Ⅳ衰退期、にそれぞれ対応していることを表している。

彼らの議論は、工程ライフサイクルと製品ライフサイクルとの進行が適合しているのが、通常の産業発展の姿であるということにある。すなわち、図表3-5の左上から右下に引く対角線上を右下に移行するのが通常の発展パターンである。企業はこの対角線上に乗るべく、需要面での進行にあわせて製造工程も下方に移行させていき、対角線に乗っているときに競争優位があることを示すものである。もちろん明確な判断をもって、この対角線から意識的に外すことも多い。コストリーダーシップ戦略は図表3-5の対角線を左下に外れることを意識したものである。市場の急速な拡大や海外投資先としての発展途上国では、家電、電機など先進国において数十年の歳月をかけた市場形成を数年単位で達成する場合が多い。他方、差別化戦略は、その対角線を意識的に右上に外すことで、品質・機能面で優位性を獲得しようとするものである。成熟化したといわれる自動車産業において、欧州の自動車メーカーであるボルボ、ベンツ社は、コモディティー化路線をあえてとらず、図表3-5右上で、ジョブ・ショップ的に生産している。低価格で標準製品を購入するよりも安全性や快適さを追求するような高所得者層にターゲットを絞った差別化戦略であるといえよう。

確かに工程ライフサイクルの概念を用いたこれらの議論は、現実の企業の戦略をうまく説明しているものの、いくつかの問題点を検討しなくてはならない。第一に製品ライフサイクルの進行につれて、すべての製品がコモディティー化するという解釈にある。製品ライフサイクルの初期では、さまざまな製品革新もあるために製品はバラエティーに富んでいるが、次第に標準製品化してゆく。これでは、差別化製品はライフサイクルのある段階の特徴であって、より成熟するとなくなってしまうということになる。標準的な製品が支配しているような分野においても、企業の戦略いかんによっては、十分に差別化製品で成功している事例は数多い。むしろ、標準製品では難しい品質性能・サービスなどで積極的な差別化を進めて、大きな市場を有している場合も多いのである。日本の鉄鋼、腕時計、自動車などの分野では、標準的な部品の組み合わせを変えることにより最終製品にバラエティーをもたせるような方法をとっている。

ヘイズ&ウィールライト(Hays, R. H. & Wheelwright, S. C. 1979)の主張は、さらに技術的な発展傾向を捉えきっていない。というのは、彼らの研究は一九七〇年代を中心に展開されており、最近の高度な生産技術によって可能となった新しい現象が考察の中に入っていない。それは製品ライフサイクルの流れを製品のバラエティーの現象としか捉えていないために生じている限界である。情報技術の発展によって工程ライフサイクルの次の第Vの段階といえるような動きが現実の企業戦略において確認できるのである。

先端製造技術が日本では産業用ロボット、ドイツでは自動装置、特に精密工具、アメリカではコンピュータ・ソフトウェアと情報技術といった発想を産み出したということである。土屋（1984）によれば、工程ライフサイクルの第Ｖの段階にあたるのがレゴ方式と呼ばれるものである。レゴ(lego)というのはブロックを組み立てて遊ぶ子供の玩具である。標準的な部品の組み合わせ方しだいによって、多種多様な完成品を造っていこうというものである。最終製品で標準化するのではなくて、量産は中間の部品・コンポーネントで行って、その組み合わせを変えることでバラエティーのある最終製品を出してゆくわけである。この発想は部品中心主義であるといえるし、部品段階で量産しておき、製品は受注してから組み立てればよいという考え方である。そうすると製品在庫費用が著しく減少する。部品中心主義に切り替えることによって受注から出荷までのリードタイムを短縮できる。自動車や電機などの分野では、在庫をおさえるとともに「売ってから造る」という逆転の発想でレゴ方式を採用している。近年、レゴ的な発想を企業レベルで生産工程に生かして成功した「カンバン方式」などは、ＦＭＳやＪＩＴ（ジャスト・イン・タイム）という先端製造工程技術を用いた大きな技術革新であることを看過してはならない。

3―7　マス・カスタマイゼーションへのシフト

マス・カスタマイゼーションは顧客ごとにカスタム化した製品やサービスを低コストでかつ高品質で届けることである。企業が顧客の欲求とニーズを識別し、満足させるための新たなビジネス・

ワークといえよう。マス・カスタマイゼーションはこれまでずっと対立してきた二つの生産システムを統合したものである。すなわち、顧客ごとにカスタム化された生産とサービスの変量生産である。情報技術と新しいマネジメントを適用することによって、フレキシビリティと即応性から製品のバラエティー化とカスタム化をつくり出すことができ、新たなパラダイムへの道を開いたといえよう。

自動車産業は、かつては大量生産の最たる代名詞であった。しかしながら、今日、自動車産業は高度な製品イノベーションとプロセスイノベーションによって最先端の技術を駆使している。例えば、最近の製品イノベーションには、4WD、エアバックシステム、エンジン用合成素材、諸機能をコントロールするマイクロプロセッサ、ナビゲーション・システムなど多くのハイテク機器がある。他方プロセスイノベーションには、溶接ならびに塗装ロボットのような生産オートメーション技術、ジャスト・イン・タイム生産やTQC(全社的品質管理)など多くのプロセス改善があげられる。

また、自動車産業は、歴史的に見ても成熟産業に位置しており、本来ならば製品およびプロセスイノベーションが限界に行き着くところにあるのだが、アバナシーが呼ぶところの脱成熟過程を何度か経験しているように思われる。さらに、製品イノベーションとプロセスイノベーションだけでなく、これまで経験してこなかった製品の多様化やカスタム化が飛躍的に達成されていることが明らかである。一九八〇年代には車種が二〇〇種以上と一〇年間で三〇%も増加したにもかかわらず、大半の車種は、顧客が自分の好みに合わせた車を個別で注文できるようにオプション数を激増させている。製品のバラエティー化やカスタム化を漸進的に進める戦略は、よりコストがかかるとしても競争力を高める。市場が安定していたり、競争他社が迅速な行動を取らない場合は、製品やサービスならびにそのプロセスや組織自体を漸進的に改善することで、かなりの期間にわたって競争力を維持することができる。

トヨタ自動車の生産システムをマス・カスタマイゼーションの流れから考察すると流れを一にしていることが確認できる。一九三三年にトヨタが乗用車を生産する計画を打ち出したとき、創業者である豊田喜一郎は、次のように明言したという。「我々は、これからアメリカの大量生産方式から生産技術を学んでゆくが、ただそれをそのまま真似るのではない。独自の研究と創造性を駆使して、わが国の状況に適した生産方法を開発するのだ」。まず、フォード社を徹底的に研究した後、喜一郎と大野耐一は、トヨタ式生産システムの開発に着手した。戦後、その努力が開花し、生産システムのスローガンを「ロッドサイズを小さく、段取り替えは迅速に」と謳った。一九四〇年代には、金型の交換や工程の段取り替えには丸一日を要していたものが、一九六二年までには一五分、一九七一年までには三分という驚異的なスピード化を達成した。これ以降、開発や生産プロセスを微調整し、ニューモデルを三〇カ月以内で開発したりできるようになると、トヨタはモデルのバラエティー化を拡大し始める。対米輸出を中心として、世界のトップクラスの自動車メーカとして君臨するようになる。大野は、一九八〇年代後半までのトヨタの戦略上の焦点は時間にあると断言している。「われわれがしなければならないのは、顧客がわれわれに注文した瞬間から、現金を回収するまでの時間の流れを見守るだけである。価値を付加しない無駄を取り除くことで、時間の流れを短縮化してゆくのだ」。生産の段取りだけでなく、価値連鎖全体を通じて、時間を短縮化してゆくことが、マス・カスタマイゼーションにとって重要な鍵概念であり、また、トヨタにとっても漸進的な改善にとっての主要な領域であった。

今日、トヨタはカスタム・オーダーされた車を顧客まで五日以内に届けることができる。このことは、戦後一貫して追及してきた漸進的な改善を通して、ここでいうマス・カスタマイゼーションを達成した証左ということができるのではあるまいか。トヨタに代表されるような先端技術型の日本企業は、従来からプロセス技術に投資し、無駄を排除し、在庫を減少させる努力を傾注してきた。また迅速化を達成するために、システム改善に力を注いで少しずつプロセス能力を高めてきた。そして、ますます多品種になる製品群にマス・カスタマイゼーションのシステムを応用しつつ、競合他社に比較してどの時点でもより多くの製品を扱ってきたのである。

3―8　部品コンポーネントのモジュール化

マス・カスタム化を実現する方法は、モジュラー・コンポーネントをつくって、きわめてバラエティーに富んだ最終製品やサービスへと組み立てることである。規模の経済は、最終製品ではなくコンポーネントを標準化することによって獲得し、カスタム化はモジュラー・コンポーネントを繰り返し、さまざまな最終製品から獲得する。

これまで図表3-5で見たように、工程ライフサイクルの第Vの段階にあたるのがレゴ方式と呼ばれるものである。標準的な部品の組み合わせ方しだいによって、多種多様な完成品を造っていこうというものである。最終製品で標準化するのではなくて、量産は中間の部品・コンポーネントで行って、その組み合わせを変えることでバラエティーのある最終製品を出してゆくわけである。レゴ方式は、モジュラー・コンポーネント方式の一種であり、マス・カスタマイゼーションを追求できる最良の方法であるといえる。この発想は部品中心主義であるといえるし、部品段階で量産しておき、製品は受注してから組み立てればよいという考え方である。部品中心主義に切り替えることによって、受注から出荷までのリードタイムを短縮できる。近年、レゴ的な発想を企業レベルで生産工程に生かして成功した「カンバン方式」などは、FMSやJITという先端製造工程技術を用いた大きな技術革新である。

また、モジュラー・コンポーネント方式は、サービス産業へも適応できる。例えば、最近のパック旅行は標準化されている。選んだ行き先に応じて、いくつかのあらかじめ決められたパッケージの中から顧客の好みで選んでもらう仕組みになっている。旅行ツアーのマス・カスタム化は、競争上の優位性を得るために残された数少ない選択肢の一つである。そのためツアーのさまざまなコンポーネント（エンターテイメントのチケット、航空機の座席、ホテルの部屋など）をまとめて購入し、そこで規模の経済性を獲得している。

以下では、ペイン（Pine, J. 1993）の研究である『マス・カスタマイゼーション（*Mass Customization*）』に基づいて、製品やサービスのマス・カスタム化を行うための六つの方式について考究したい。モジュラー化の類型は、製品の性質を実際には変えずにバラエティーを増やしてゆくという単純な形態のモジュール化から始まり、次第に顧客ごとのカスタム化を行い顧客に提供する製品やサービスの構造を基本から変えてしまうモジュラー化へと進む。

①コンポーネント共有型モジュール化

コンポーネント共有型では、同一のコンポーネントを複数の製品で用いることによって、範囲の経済性を獲得する。この形態のモジュール化は、コストが製品数の増加以上ではないにしても、製品数の増加と同じくらいの早さで上昇する製品ラインへ大量生産を組み込む際に重要である。このようなモジュール化は、決して本当の意味での顧客ごとのカスタム化にはつながらないが、非常にバラエティーに富んだ製品やサービスを低コストで生産することができる。コンポーネント共有型モジュール化は、部品数を削減し、ひいてはバラエティーに富んでいる既存の製品ラインのコストを削減するために用いるのが一番適している。

重機メーカーの小松製作所は、世界中の市場に輸出を開始した一九七〇年代に、製品バラエティーの増加につれて、コストも増加していることに気づいた。コストを低下させながらも、現地市場のさまざまな要求やニーズへの対応力を維持するために、すべての主要な製品間で共有できるコア・モジュールを標準化し、現地市場ごとにつくられた異なる製品モデル間で共有することの

図表 3-6　部品コンポーネントのモジュール化

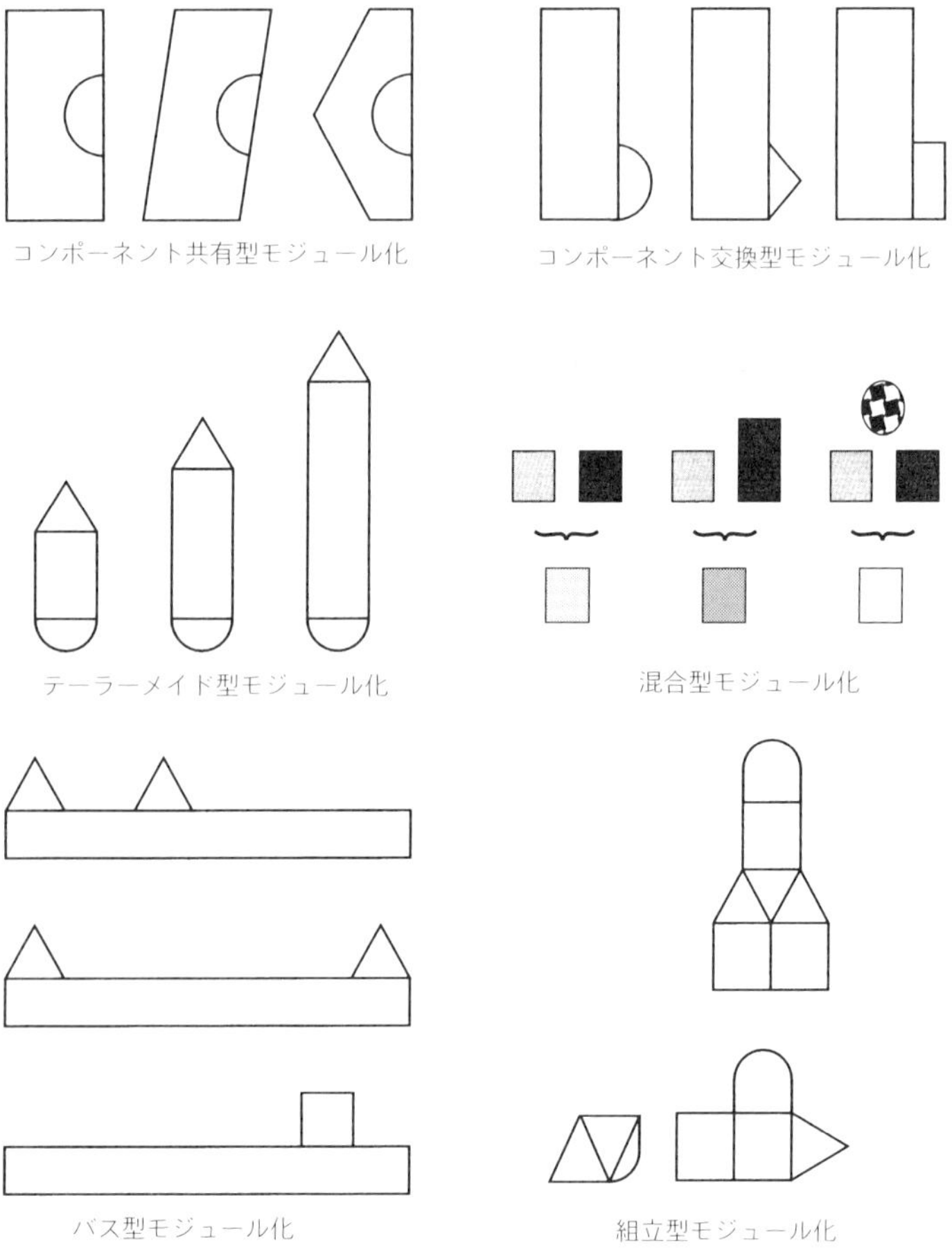

出所：Pine, J.（1993）訳書, 272 頁

できる多数のコンポーネントをつくり出した。これにより同社は新市場への参入が容易になり、現地市場でカスタム化を一層進めることができたといわれている。

②コンポーネント交換型モジュール化

これは、コンポーネント共有型モジュール化の補完的方式である。この方式では、異なるコンポーネントが同一の製品群となる製品に組み合わされて、交換されるコンポーネントと同じ数の製品がつくられる。多くの場合、コンポーネント共有型とコンポーネント交換型の違いは程度の問題といえよう。標準化された製品(あるいはサービス)にカスタム化したサービスを付加することも、コンポーネント交換型モジュール化と似た考え方に立つものといえる。標準化されたセットで基礎となる製品を構成し、ついでカスタム化したサービスをコンポーネント化して、それと交換するかあるいは付加するのである。配送時点でのカスタム化の大部分もまた、コンポーネント交換型モジュール化である。

現在、標準化された製品あるいはサービスを提供している企業が、コンポーネント交換型モジュール化を有効に活用する鍵は、製品あるいはサービスのカスタム化可能な部分を見つけだし、容易に再統合できるようなコンポーネントへと分解することにある。その際、その有効性を最大化したい場合は、分解されたコンポーネントに三つの特徴をもたせることが必要である。第一に、顧客には高い価値を提供しなければならない。第二に、いったん分解しても、容易にかつ継ぎ目のないように再統合されなければならない。第三に、顧客の多様なニーズと欲求を満たすのに十分な製品バラエティーをもたせることである。

③テーラーメイド型モジュール化

この方式は、上述の二つの技法に似ている。ただし前の二つと異なり、テーラーメイド型モジュール化の場合、一つあるいはそれ以上のコンポーネントのかたちが事前に定められた範囲内、あるいは現実的に可能な範囲で変化することがある。テーラーメイド型モジュール化が最も有用な製品は、顧客ごとの欲求ニーズに合うように企業側が細かくかたちを変えることが可能なコンポーネントに対して、顧客が極めて高い価値を求めるような製品である。もし現行の製品ラインに段階的にしかサイズの選択のきかないコンポーネントを含んでいる場合には、顧客ごとにあわせて製品をマス・カスタム化することによって、すなわち、そうでなければ顧客が妥協したであろうようなことを取り除いてやることによって、競争上の優位性を獲得することができる。

例えば、ナショナル自転車工業では、テーラーメイド型モジュール化とコンポーネント共有型モジュール化を組み合わせて、顧客ごとにカスタム化した自転車を提供している。同社の工場では、レーシング、ロード、マウンテンバイクの一八のモデルについて、一九九色のパターンとほぼ人の数と同じだけのサイズパターンを用意することによって、一一二三万以上のバリエーションを生産することが可能であるという。このような生産を可能にするモジュール化の進展は、顧客のニーズに的確に応える多品種少量生産を実現する。

④混合型モジュール化

このタイプのモジュール化は、これまで述べてきた三つの方式のいずれも使用することができるやり方である。ただし明白な相違点として、コンポーネントが混合されるので、コンポーネント化されたもの自体が異なったものとなる点があげられる。例えば、特定の何色かのペンキを混ぜると、これらコンポーネント(ペンキ)は最終製品ではもはや目に見えないものとなってしまう。

今日、化学肥料は、土壌、傾斜、日照量に応じてそれぞれの農地にあわせてブレンドされている。この業界によれば、一平方キロメートルごとにその土地にぴったりと適合したブレンドの混合肥料をカスタム化して提供する日も近いという。

⑤バス型モジュール化

このタイプのモジュール化は、多数の異なる種類の多様なコンポーネントを結びつけることができる標準的構造を使用している。バス型モジュール化という用語はコンピュータなどの電子装置がバス(母線)あるいはバックプレーン(周辺装置などを接続するソケット群)を使用することから来ている。それらは処理装置、メモリー、ディスク駆動装置、ならびにバスにつながれているその他のコンポーネント間での情報の主要な転送経路を形成している。このようなバス型モジュールを理解することは難しいかもしれない。なぜならば、バスはたいてい目に見えなく、抽象的なところがあるからである。バス型モジュール化を使う上での鍵は当然、バスの存在にある。もし製品やサービスが一つの標準ではあるが、変化しうる構造をもっているのなら、次の手順でそれを分解することを考えなければならない。第一に、顧客のために本当に必要な製品アーキテクチャーやサービス・インフラストラクチャーを明確にすること。第二に、それ以外のすべてのものを標準構造に接続可能なコンポーネントにモジュール化すること。

自動車は、バス型モジュール化を利用することができた。基礎となるシャーシとあらゆる電子装置をつないでいるワイヤーハーネスの二つのバス構造を提供しており、他のすべてのものは、それに接続されている。自動車ほど複雑な製品はまずないし、また、自動車の生産ほど複雑なプロセスも少ない。もし自動車をバス型モジュール化を始めとするあらゆる技法を用いてマス・カスタム化することができるようになれば、ほとんどの製品やサービスでもマス・カスタム化は可能であろう。

⑥組立型モジュール化

このモジュール化方式は、これまでの中で最大のバラエティー化とカスタム化を実現することができる。組立型モジュール化は、各コンポーネントが標準的接続面で相互に結びついている限りにおいては、どんな数のどんな形態のコンポーネントでも任意に配列することができる。この方式の原型は前述したように固定する接続面をもつレゴ・ブロックである。レゴで組み合わせることができる数は、想像力次第である。組立型モジュール化は、製品バラエティーを増やしたり、カスタム化を行う上で驚くべき可能性をもつものであり、製品の構造やアーキテクチャー自体をも変えることもある。この組立型モジュール化は、これまでの六つの方式の中で最も魅力的であるが実行が難しいという難点がある。その鍵は、異なるタイプの部品やオブジェクトをうまく繋げるような接続面を開発できるかどうかにかかっている。レゴほど単純なメカニズムをもつ部品群はない。しかしながら、コンポーネント共有型モジュール化やコンポーネント交換型モジュール化で定義された接続面を利用しながら、より多くの機能をより小さなコンポーネントへモジュール化することによって、接続面を開発してゆくことも可能である。

以上のように六つのモジュール化方式について述べたが、これらの技法を通して製品やサービスが顧客に受け入れられるようになるかどうか、また競合他社に対して競争優位を獲得できるかどうかが重要である。競争上の優位性の維持は、マス・カスタム化された製品やサービスをつくり出すことからくるのではなく、価値連鎖全体にわたって継続的に顧客に最大の価値を提供することから得られるのである。たとえどのようなマス・カスタム化の技法を用いようとも、優位性を維持するためには継続的なイノベーションと価値創造を続けてゆくことが重要である。さらに、技術ばかりではなく、開発、生産、販売に携わる人への投資を行い、容易に模倣できない経験やフレキシビリティーをもって、マス・カスタマイゼーションを推進してゆける人を生み出してゆかなくてはならない。

●参考文献

1 Abell, D. F. (1980) *Defining the Business: The Starting Point of Strategic Planning*, Prentice-Hall.（石井淳蔵訳『事業の定義』千倉書房、一九八四年）

2 Abernathy, W. J. (1978a) *The Productivity Dilemma*, Baltimore: Johns Hopkins University Press.

3 Abernathy, W. J., Clark, K. B., & Kantrow, A. M. (1978b) *Industrial Renaissance*, New York : Basic Books.

4 Ansoff, H. I. (1957) "Strategies for Diversification," *Harvard Business Review*, Sept.-Oct.

5 Ansoff, H. I. (1965) *Corporate Strategy*, McGraw-Hill. (広田寿亮訳『企業戦略論』産業能率大学出版部、一九七七年)

6 Dosi, G. (1982) Technological Paradigm and Technological Trajectories, *Research Policy*, 11(3), pp.147-162.

7 Foster, R. (1986) *Innovation : The Attacker's Advantage*, Summit Books. (大前研一訳『イノベーション』TBSブリタニカ、一九八七年)

8 Hayes, R. H. & Wheelwright, S. C. (1979) The Dynamics of Process-Product Life Cycles, *Harvard Business Review*, vol.57, No.1. Jan.-Feb., pp. 133-140.

9 桑原耕太郎・新宅純二郎・土屋守章編(1986)「脱成熟の経営戦略――腕時計産業におけるセイコーの事例を中心に」『技術革新と経営戦略――ハイテク時代の企業行動を探る』日本経済社、一六三―一八〇頁。

10 Kuhn, T. (1970) *The Structure of Scientific Revolution*, 2nd ed.,Chicago : University of Chicago Press. (中山茂訳『科学革命の構造』みすず書房、一九七一年)

11 Koontz, H., ed. (1964) *Toward a Unified Theory of Management*, New York : McGraw-Hill. (鈴木英寿訳『管理の統一理論』ダイヤモンド社、一九六八年)

12 Koontz, H. (1980) "The Management Theory Jungle Revisited," *Academy of Management Review*, 5, pp. 175-187.

13 小林宏治(1980)『C&Cは日本の知恵』サイマル出版会。

14 小林宏治（1983）「C&C戦略の形成と展望」『ビジネスレビュー』第三一巻第一号
15 Kotler, P. (1980) *Marketing Management: Analysis, Planning and Control*, 4th ed., Prentice-Hall.
16 Penrose, E. T. (1959) *The Theory of the Growth of the Firm*, Basil Blackwell.（末松玄六訳『会社成長の理論』ダイヤモンド社、一九八〇年）
17 Peter, T. J. & Waterman, Jr. (1982) *In Search of Excellence*, New York: Harper & Row.（大前研一訳『エクセレント・カンパニー——超優良企業の条件』講談社、一九八三年）
18 Pine, J. (1993) *Masscustomization*, Harvard College.（江夏健一・坂野友昭監訳『マス・カスタマイゼーション』IBI国際ビジネス研究センター、一九九四年）
19 Porter, M. E. (1980) *Competitive Strategy: Techniques for Analyzing Industries and Competitors*. New York: Free Press.（土岐坤・中辻萬次・服部照夫訳『競争の戦略』ダイヤモンド社、一九八二年）
20 Rumelt, R. P. (1974) *Strategy, Structure and Economic Performance*, *Division of Research*, Harvard Business School.（鳥羽欽一郎・山田正喜子・川辺信雄・熊沢孝訳『多角化戦略と経済成果』東洋経済新報社、一九七七年）。
21 Sahal, Devendra (1981) *Patterns of Technological Innovation*, Addison-Wesley Publishing Co.
22 榊原清則（1992）『企業ドメインの戦略論』中公新書。
23 吉原英樹（1986）『戦略的企業革新』東洋経済新報社。
24 土屋守章（1984）『企業と戦略』リクルート出版。

第4章　リエンジニアリングの本質とビジネス革新

4―1　多品種少量生産とビジネスプロセス

リエンジニアリングとは、先端情報技術を活用して顧客志向の業務展開を行うことを目的に、従来の分業体制を見直し、仕事の進め方を抜本的に見直すことである。これまで、企業はひたすら規模の経済性を追求して標準製品の大量生産を行い、際限なく増大しつづける需要に応える努力を継続してきた。この間の企業経営における最大の関心事は、いかにして市場の拡大に適合した規模の経済を行うかにあった。産業社会の関心ももっぱら数量に集中し量的拡大をはかるための高度な計画技法やコントロール技術が開発され重視された。

ところが、一九八〇年代に入ると、第二次産業革命といわれるメカトロニクスの急速な発達により、工業生産力がさらに向上し、ある程度の品質の標準品であれば市場が消費しきれないほど、多量の製品を安価に供給できる状況が生じた。顧客は、大量生産された標準品ではもはや満足せず、自分のニーズにあった製品・サービスがタイミングよく提供されることを要求するようになった。

図表4-1　多品種少量生産の形態

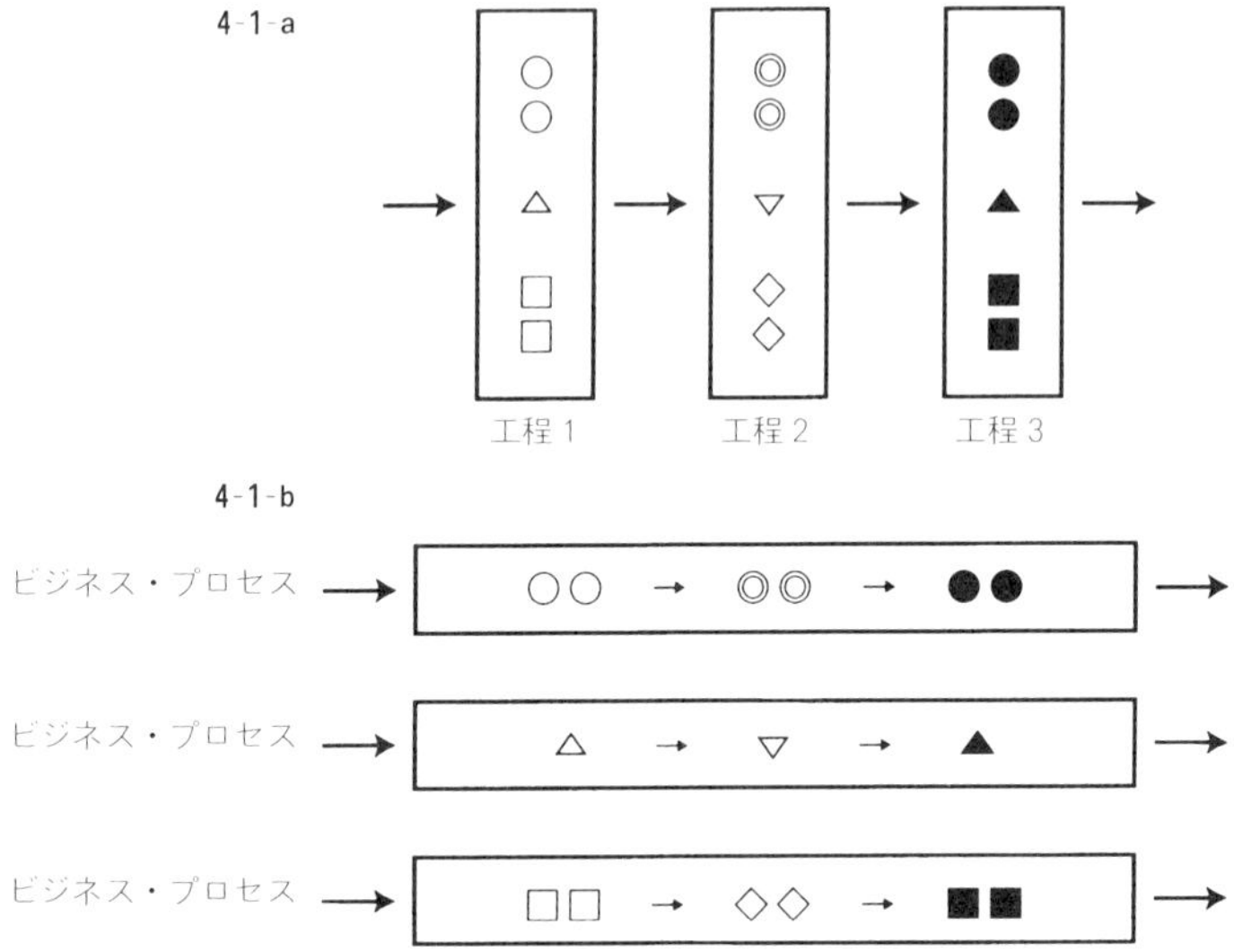

このような状況に対応するために経営を根本的に革新し、分業により細分化され、専門化されすぎた職務を変革する必要性が高まる。すなわち、従来の標準品の大量生産に適した経営を、一連の職務の集まりである業務プロセスを少人数で自立的な職能横断的チームによって遂行していくという、多品種少量に適した経営に変革することをリエンジニアリングと呼ぶのである。

図表4-1-aは多品種少量生産を表す。ロット単位の生産システムでありながら多品種の部品を流して最終製品を増やしている。上述したレゴ方式によるフレキシブルな生産方式である。この状況も一九八〇年代に入ると4-1-bに限りなく近い状況に変化してくる。この特徴は、

ビジネス・プロセスがロット生産に変わる生産システムとなって、各工程を流れてゆくところにある。今世紀後半に起こった機械・電子技術(メカトロニクス)の飛躍的発達によって、NC工作機械や産業用ロボット、マシニングセンター、自動搬送車など高度のインテリジェンスをもつ機械が配備され、多様な仕様の製品を変量生産できるフレキシブル・マニュファクチャリング・システム(FMS)が実用化されるようになった。その結果、従来の標準製品とは差別化された多様な製品が、標準品と変わらないような低価格で供給されるようになる。このように、競争優位確立のための基本戦略をコスト削減から製品の多様化・差別化に転換し始めた理由がここにある。

一九八〇年代に入ると、この多品種少量生産にジャスト・イン・タイム(JIT)という概念が加わる。ジャスト・イン・タイムは「後工程が前工程から必要なものを、必要なとき、必要なだけ受け取る」というシステムである。したがって、このシステムはバッファー在庫をもたないことを原則とする。モノの流れが矢印の方向に移動するのに対して、情報処理の方向は逆の川上に上ってゆく。このことはモノと情報とを整理するような機能をもつとともに、高い情報処理能力が業務プロセス全体の調整能力を増大させる結果となる。このような考えは生産現場のみならず、在庫削減の問題を抱えた流通段階でも応用されるようになる。セブンイレブン・ジャパンなどのコンビニエンス・ストアーなどは、「売れた品物を売れた時点で売れただけ注文せよ」というPOS(Point of Sales)、すなわち多品種少量輸送システムで大きな成果をあげている。今日では一般に、多品種少量生産のジャスト・イン・タイム化はこのような流通段階が主導するようなかたちで定着している。

多品種少量生産システムにおけるリエンジニアリングは、ビジネス・プロセスを主体として業務を抜本的に改革していくことであるが、情報技術の活用が大きな鍵を握っている。最近の情報技術は多岐にわたっており、その中で二つの方法・形態がリエンジニアリングに典型的なものといえよう。第一には、DSS（意思決定支援システム）というデータベースの利用である。リエンジニアリングは一つの業務を最初から最後まで一人で遂行することを理想とする。そこで専門家並みの判断を下せるようにするために、DSSあるいはエキスパート・システムを用いて、必要な情報を活用できるようにすることが重要になる。第二には、多くの人々の情報や知識を共有するためのデータベース・サーバーをもったネットワーク・システムの活用である。時間や地域に限定されないフレキシブルな情報ネットワークシステムは、メンバー全員の情報・知識を共有することによってあたかも同一人物で仕事を遂行しているかのような錯覚を覚える。この情報システムによる統合が、ジャスト・イン・タイムの多品種少量生産において作業の効率性を高めうるものである。それでは、暫くこのジャスト・イン・タイムの基本的な考え方を見ておこう。

4—2　スピードの経済とジャスト・イン・タイム

ジャスト・イン・タイムとは、製造に関する概念で「必要なモノを、必要なトキに、必要なカズだけ」受け渡しされる状況を指す。もともと工場の中の分業であっても、企業間の分業であっても、最も効率的に調整されている状態は、モノの動きについてジャスト・イン・タイムが実現されている状態である。モノは製造ラインを流れてゆき、工程別に部品の組立てが行われる。分業によって調整された作業は、各ラインのそれぞれの部分で対象物が的確に加工され、よどみなく次工程に流れてゆくことによって、各構成部品がタイミング良く組み立てラインで最終製品に組み立てられる。もし部品の加工にミスがあると、その欠陥品の上に後工程で加工するという無駄を重ねる。このような製品は欠陥製品となり、製造ラインをストップさせなければならなくなり、企業に損失をもたらすことになる。また、前工程で製造が止まってしまえば、後工程にモノが流れてこないのでそれ以降はラインが遊んでしまう。構成部品の一種類でも組立ラインにタイミング良く入らなければ製品は完成しないので、すべてのモノがタイミング良くラインに入らなければならない。

この調整を為し遂げる場合は、綿密な作業予定表を策定し、進捗状況を正確に把握してトラブルに素早く対応してゆかねばならない。この調整作業を数人のマネジャーで達成することは容易なことではない。マネジャーの調整作業を軽減する方法として、いわゆるバッファー在庫を置くことが考えられる。前工程が遅れている場合、後工程は在庫をとりつぶしながら製造を続けることができる。この方式では、仕事待ちで休んでいる部分がないので効率が良いように思えるが、大きな在庫を抱えることになる。無駄な在庫を抱えておくことは、今日のスピードの経営では、資産の非効率化を招く。また、無駄なモノがつくられるとすれば、それは調整が効率的に行われていないことを表しており、そのコストは大きい。

バッファー在庫の積み増しは、相互調整の必要性を小さくする方法である。このようなことは、製造ラインのある工程の一箇所での遅れが全体に響かないようにする効果がある。しかしながら、この方法には大きな弱点がある。それは全体としての効率を大きく損なうことである。在庫を各工程、各部門が多数抱えることになると、企業組織のあちこちで必要以上の原料や仕掛品および半製品を抱え込むことになる。しかも、ただ貯蔵されたままの製品が劣化したり腐敗したり、無駄になってしまうことが多くなる。このような方法は、最悪の事態を招来するであろうから、在庫をもつことは極力回避される。

調整の作業を軽減するのではなくてむしろ調整に力を入れて、無駄なモノをつくるコストを回避しようとするのが、トヨタの生産方式であるカンバン方式である。このシステムは、処理される情報量よりも高い情報処理能力をもたせ、細かい調整を実施してゆく生産システムの総称であるといえる。したがって、各工程間にバッファー在庫を設けないというジャスト・イン・タイムの考え方と、異常が起きたら直ちに機械を停止させるという自動化の考え方からなっている。

工場の中の作業は、前工程で加工が終わったモノを後工程に送るというのがこれまでの組立ラインの発想であるが、ここでは逆転の発想で「後工程が前工程に必要なモノを必要なトキ必要なカズだけ取りにゆく」というやり方に変える。前工程は引き取られた分だけ作れば良く、情報のやり取りを明示するのがカンバンである。

トヨタの生産方式であるカンバン方式は、大野耐一など戦後の自動車生産の責任者たちによって、組立工程の生産性向上とコストの低減をめざしてさまざまな試行錯誤の末、考案された方式である。

このカンバン方式は、わが国自動車産業だけでなく、今や全世界に大きな影響力を与え続けており、新たな生産方法として多くの産業で用いられている。ジャスト・イン・タイムという基本的な考えは、それまでの大量生産の方式を覆す画期的なものである。これまでの常識では、大ロットでまとめて生産したほうが、規模の経済と分業のメリットから考えて有利であると考えられてきた。逆に小ロットで生産したほうが生産量の平準化がとれやすくなり低コストになる。また、小ロットで生産したほうがフレキシビリティーが高くなり、製品の多品種少量にも応じやすくなる。そのためには、工作機械や金型の段取り替えの時間を短縮したり、自動化するという工夫が不可欠である。

もちろんジャスト・イン・タイムの仕組みは、工場の中ばかりではなく、流通業者やサービスの分野でも用いられている。納入業者は材料や部品をジャスト・イン・タイムに納入し、販売業者に対しては、注文を受けたもののみを納品する。これらを可能にしているのが販売時点管理システム(POS)である。この考え方は、一九七〇年代末、日本ではすでに普及しつつあったが、一九八〇年代になると欧米でも普及し始めている。実際、ジャスト・イン・タイムが普及するためには、綿密な在庫管理やスケジューリングが必要になるが、それには情報技術の活用が不可欠であった。ちょうど一九八〇年代に入って情報技術の活用と方法に関して技術的な条件が整ったことを看過してはならない。

4－3　情報技術を活用した展開

本章では、前半においては差別化戦略とコストリーダーシップ戦略の意味を製品／工程ライフサイクルの観点から検討して、その特徴を明らかにした。脱成熟の論理を「生産性のジレンマ」という観点より検討し、工程ライフサイクルでヘイズ＆ウィールライト（Hayes & Wheelwright）が言及できなかった第Ⅴの段階であるレゴ方式へと展開したわけである。このレゴ方式は、多品種少量生産を可能とする柔軟な生産システムであり、今日のＪＩＴへと進展するのである。さらに、ＪＩＴはリエンジニアリングを可能とするようなさまざまな情報技術と結びつき、ビジネス・プロセスの抜本的な革新を可能とする領域へと達していることが確認できた。レゴ方式による多品種少量生産は、ポーターの命題ともいえる「安くてよい製品をつくることは困難である」という概念をある意味では超克したといえる。さらに、インクリメンタル（積み重ね）イノベーションでは画期的な新技術は出てこないというヘイズ＆ウィールライトの「生産性のジレンマ」をリエンジニアリングの手法で克服できる可能性が出てきた。全社的品質管理（ＴＱＣ）などはインクリメンタル・イノベーションの典型例であろう。

次に、六つのモジュール化方式は、これらの技法を通して製品やサービスが顧客に受け入れられるようになるかどうか、また競合他社に対して競争優位を獲得できるかどうかが重要である。競争上の優位性の維持は、マス・カスタム化された製品やサービスを創り出すことからくるのではなく、価値連鎖全体にわたって継続的に顧客に最大の価値を提供することから得られるのである。たとえどのようなマス・カスタム化の技法を用いようとも、優位性を維持するためには継続的なイノベーションと価値創造を続けてゆくことが重要である。さらに、技術ばかりではなく、開発、生産、販売に携わる人への投資を行い、容易に模倣できない経験やフレキシビリティをもって、マス・カスタマイゼーションを推進してゆける人を生み出してゆかなくてはならない。最後に、わが国先端技術企業の戦略から得られる三つのインプリケーションを示唆することができよう。

(1) 一九六〇年代から一九八〇年代という期間に、マイクロ・エレクトロニクス技術あるいは同種の情報技術を契機にしていずれも日本企業が中心になって推進された、一九六四年の電卓、一九六八年のトランジスタ・カラーテレビ、一九六九年にクオーツ式ウオッチがトランジスタやICを利用することで登場し、一九七〇年代以降、急速な発展を遂げた。これらの製品の発展が周辺分野の発展を誘発する効果をもったのは間違いない。この三つの分野で半導体の需要が急速に拡大したことが、今日の日本のIC、LSI産業の発展に寄与した。このような波及効果を通して、一九八〇年代に日本企業が民生用エレクトロニクス機器やエレクトロニクス部品で優位な国際競争力を発揮したことを看過してはならない。

一九六〇年代以降の産業の発展をみると、アメリカではこの時期、さまざまな分野で成熟化が進み、国内産業の空洞化が進展した時期に当たる。わが国の産業の発展は、アメリカ産業の停滞と相まって、アメリカ市場が次第に日本製品に代替されつつ、多くの需要を吸収していった幸運とも重なったことを看過してはならない。ＮＩＥｓ諸国が日本をはじめとした先進工業国を追い上げているが、そこでは日本が経験したような大きな波及効果をもつ技術転換は未だみられない。単なる低賃金、低コストに依存した経済発展はいずれ限界に至るであろうから、後発の工業国にとって、新技術への転換が次の発展へのバネになるであろう。一九八〇年以降、日本はバブル景気に踊らされ、途上国海外拠点やアジア諸国に生産拠点を移す、産業の空洞化を経験した。モノづくりの原点や技術革新よりも、高級なモノとか、珍しいモノへと関心が移って、まさにかつてのアメリカ経済の轍を踏んだように思われる。他方、深刻な経済停滞から立ち直ったアメリカ経済は、情報技術の活用と新市場の開拓に成功し、空前の繁栄を謳歌している。新たな市場として、情報技術の利用による通信、金融、証券、サービス分野の拡大は著しい。

(2) 経営戦略論に対する貢献であろう。企業の競争力を形成する経営資源の蓄積がどのようなものか、またどのように形成され、蓄積されるのであろうか。特定の経営資源を集中的に蓄積・活用するような事業展開を通じて、企業は独自のコア・コンピタンス(Core Competence)を獲得する。従来の技術革新をもってこのコア・コンピタンスを獲得している企業とそうでない企業では、製品開発に大きな開きがでる。それでは、将来の核となり得る競争力を保有していない企業が、どのようにしてその競争力を獲得し蓄積しているのかという問題がある。それに答える一つの回答として、既存の事業とは異質の分野に多角化し、そこでのシナジーを発揮させるというものがある。他方、新宅の研究で明らかのように、コア・コンピタンスは既存事業における技術転換を通しても蓄積しうるものである。各分野で技術転換をリードした企業にとって、そのときの資源蓄積がその後新しい事業を始める基礎になったことは重要である。カラーテレビはVTRおよびビデオカメラの基盤技術を提供したし、デジタル・ウオッチは、液晶ディスプレイやプリンターの開発の基礎になっている。電卓技術は、PCとりわけモバイル・コンピュータへの発展、さらには家電製品のハイテク化に大きく寄与している。

(3) これらの技術規格化の形成に関する問題である。いわゆるデファクトスタンダードとグローバルスタンダードの問題である。例えばPCについてみてみると、多くの人々が使用している標準的な規格の製品を購入した方が効用が高まるし、メーカーの方も競争力が高まる。PCの分野では、いわゆるウィンテル（Windows+Intel）がデファクトスタンダードであり、各国共通規格としてのグローバル化を為し遂げている。このような産業で競争する企業にとっては、まず、自社の提唱する規格が業界での標準として浸透するかどうかが重要である。これには技術的な優位性ばかりでなく、ある種の政治的パワーについての駆引きになることもありうる。しかしながら、いったん標準を獲得しても、次世代をめぐる競争ではそれが必ずしも有効に働かず、むしろ制約になることもありうる。すなわち、既存の標準のリーダーとして従来の製品との互換性を維持することが、既存の強みを維持・発展させることにつながるが、その一方でそれが最先端の技術進歩の成果を取り入れることを躊躇させることにつながりかねない。

このように先端技術分野の技術の世代交代に関わる研究はこれからの分野であり、さらなる事例の検討を必要とするものである。これまで日本企業の弱点とされてきた基礎研究、特に大学や研究所との連携などが活性化している。各地域の特性を重視した産業クラスター構想の推進やプロジェクトが盛んである。その意味では、新技術の鍵となる研究開発が多くの分野で実施されており、これらの研究から新たな製品とサービスへの応用が期待されている。わが国のバブル経済崩壊後の長期的な景気低迷は、ある意味では新たな技術革新へ地道な努力の成果として次の飛躍へとつながる助走期間に関わっていると断言できる。今後のわが国先端技術分野の新技術は、情報技術を中心とした電機・情報・通信分野で発生し、金融・証券・サービスの電子情報化による拡大を期待できるものとなろう。

4—4 ビジネス研究における「革新」概念

ビジネスにおける革新(innovation)の問題は、これまでもさまざまな分野において議論の対象となり研究されてきた。経済学、マーケティングマネジメント論などの分野での研究は、「革新」に関して一定の成果をあげることができた。工学的な分野においては、当然のことながらテクノロジーの発展と新技術による新製品の開発可能性などとの関連で「革新」が取り扱われている。

経済学の分野ではシュムペーター(Schumeter, J. A.)、が「企業家」の概念を呈示し、生産手段の「新結合」を遂行することが「革新」であってその担い手が「企業家」であると規定している。それ以来、「革新」の結果が及ぼす競争上の影響や景気変動、雇用、均衡、あるいは利益などに関連し、主として経済発展に果たす「企業家」の役割という視点から議論されてきた。

他方、マーケティングの分野では、マネジリアルな問題解決に向けて上記の各領域における成果を援用し、事業・製品のイノベーション、そのうち特に新製品開発の問題に関連して議論されている。この分野における「革新」については、プロダクトプランニングにおける「新製品開発の範囲」として戦略的イノベーション、機能的イノベーション、基本的イノベーションというような捉え方がなされている。また、製品企画における製品の分類基準として「技術上の新しさ」と「標的市場の新しさ」の程度の二つをあげ、それぞれを縦軸と横軸にしてかけあわせることによって、「製品の新しさ」を説明している。また、これまでみてきたようにプロダクトイノベーションからプロセスイノベーションへのシフトも指摘されてきた。

これらの成果は、伝統的な「マーケティング戦略論」が主に関心をもっていた製品段階での差別化戦略追求の必要からなされた研究の結果であると考えられる。ただ、事業、あるいは企業単位での優位性確立の観点からすると、事業が必ずしもすべて有形財の生産や販売に限定されるものではない。近年とみにサービス産業における革新行動が注目されているおり、卸、小売などの流通段階の企業における「革新」の要請をも考慮に入れれば、有形財としての「製品」イノベーションの説明としては妥当なものであっても、無形財である「サービス」の革新に言及していない。このことは、製造業以外の事業の革新に触れていないことが多く、イノベーション全般の説明として必ずしも十分であるとはいえないであろう。

4―5 革新性の所在――二つのイノベーション

世界における大企業となった「ソニー」「ホンダ」などは、いずれも大資本に頼らない町工場から出発し、独自の信念と技術、経営手法をもって現在の繁栄を築いたという共通項がある。これらの企業の創業期は、まさに「ベンチャー企業」であった、という認識はすでに一般化している。これらの企業は、第二次世界大戦の敗戦によって「戦前の産業と技術の中核であった軍事産業が壊滅した結果、数多くの技術者が職を失って、戦後の厳しい状況の中で新たな仕事を見つけなければならなかった」という社会背景のもとで生まれた企業であり、創業者が技術者出身であるという特徴が見出せる。

したがって、これらの企業はいずれも大きな括りでいえば電気・機械関連の業種がそのほとんどを占め、近年ではパソコン革命のきっかけを創ったといわれるマイクロプロセッサのインテル社などと同系のものである。それぞれの企業発展の原動力になった独自性、新規性は科学的テクノロジーに依存する比率が高く、ベンチャー企業という言葉から受け取られるイメージは、ハイテク関連の印象が強かったことは否定できない。

しかしながら、このようなハイテク関連企業以外の成長企業を「ベンチャー企業」と認識することが一般的となってきた。もとより、海外に目を転ずれば、いわゆる「ベンチャー企業」の成功例あるいは「革新」の典型例として紹介される企業は、これらの分野に限られているわけではない。娯楽産業のディズニーをはじめ、ハンバーガーのマクドナルド、クレジットカードのアメリカンエクスプレスなど、ハイテクならざるローテク分野の企業も同じ脈絡で取り上げられている。概して、世界的にもハイテク企業は四分の一にすぎず、四分の三はローテク企業である。

このような認識にたてば、「ベンチャー企業」における「革新」の問題、革新と呼ばれるほどの事業、製品（サービスを含む）の変革に伴う「新規性」の研究は、ハイテク技術による革新のみならず、より広い分野における創造性（革新）にも目を向けなければならない。

4—6　ハイテクイノベーションとローテクイノベーション

近年では科学技術としてのテクノロジーを基礎とした革新である携帯電話、パーソナルコンピュータの開発など、いわゆるハイテク分野における研究成果に基づく新事業、新製品の市場導入とその後の普及は、「革新」を理解するための事例として格好の材料である。

携帯電話やパソコンも、電話や大型コンピュータのような開発の基礎となる製品がすでに存在していたことを考えると、単に新たな機能を付加したという意味で「機能的イノベーション」とみることもできる。しかしながら、昨今の普及状況や使用されている様態をみるとき、生活文化変容の一要因にまでなっている。そして、これらの製品は「基本的イノベーション」による製品開発であったともいえよう。この革新は、イノベーション・レベルは各々異なっていたとしても、科学技術的な面に重点がおかれたハイテクイノベーションであることに違いはない。

ここで有名なマクドナルド(McDonald's)創業の例をあげながら、ベンチャー企業のマネジメントイノベーションについて考えてみよう。一九五四年、五二歳のミルク・シェイク用ミキサーのセールスマンが、カリフォルニア州サンバーナディーノ(San Bernardino)のハンバーガー店を見て、あらたな巨大産業、ファーストフードの誕生を思い描いていた。マクドナルド・コーポレーション(McDonald's Corporation)を設立し、世界企業にまで育てあげたクロック(Kroc, R. A.)は、産業界のパイオニアになったのである。ハンバーガーも、ミルク・シェイクもフライドポテトも当時のアメリカのレストランにはどこにでもあった。しかしながら、マクドナルドは、マネジメントの原理と方法を適用し(すなわち顧客にとっての価値は何かを問い)、製品を標準化し、製造のプロセスと設備を設計し直し、作業の分析に基づいて従業員を訓練して、仕事の標準を定めることによって、資源が生み出すものの価値を高め、新しい市場と顧客を創造したのである。

この例でみるように、ハイテクイノベーションと対比してローテクあるいはミドルテクイノベーションと呼ばれるもの、すなわち「非ハイテクイノベーション」は、科学技術的成果よりも、マネジメントテクノロジーの発展に基礎を置くか、ないしは相対的にその比率が高いイノベーションである。革新(イノベーション)をそのように理解することによって、プロダクトイノベーションとプロセスイノベーションという把握よりも、より包括的な説明が可能であり、有形財としての製品のイノベーションに対する無形財であるサービスのイノベーションの性格や、卸、小売段階の事業をも含めた「革新」を全業種・業態を横断的に明確に捉えることが可能になるのである。

4—7 ベンチャー企業の「革新」アイデア

創業期において、ベンチャー型であった企業は、わが国においても数多く見出すことができる。例えば、従来の商業貨物を主体とする路線運輸から脱皮し、個人客のニーズに的を絞って郵便小包や鉄道小荷物に取って代わる新サービスとして「宅急便」を開発し、戸口から戸口への宅配サービスを定着させたヤマト運輸をあげることができる。また、即席麺の開発とそれに続くカップ麺の発売によってわが国の食文化に大きな影響を与えた日清食品もそうである。さらに、わが国においては「水と安全はタダ」という認識が一般的であった時代から「警備保障」という新分野を開拓し、「機械警備」によるシステマティックな業務によって成長を遂げたセコムなどがある。

これらの企業が現在まで成長し存続しているという事実は、とりもなおさず創業時の事業、製品アイデアおよびコンセプトが優れ、時代の要請にも適合していたことと、それにその後のマネジメント努力が適切であったことの証左に他ならない。それゆえ、これらの成功事例における「革新」の実態を検討し、その根底にある共通項を探索することが、ベンチャー企業成功のための要因追求にとって有益であろう。

事業、製品の革新的アイデアを創出し、コンセプト化するための基礎であり中心となるのは、起業家の「革新マインド」でなければならない。そして、この革新マインドこそが「起業家精神」である。創業、製品開発の動機、きっかけがいかなるものであったとしても、事業、製品を開発しようとする人々に現状を転換しようとする革新への希求心、革新マインドが存在しなければ革新は起こりえない。革新への希求のない事業の開始、創業は、単なる新規事業の開始であって、「起業」とはいえない。

過去において成功した革新的な事業、製品の開発を観察してみると、このことがより鮮明になる。アメリカにおいて創業伝説として語り継がれている企業、わが国においても革新的事業や製品の成功によって成長した企業は、例外なく個性的な経営者の何らかの「経営理念」が発展の原動力になっている。このことは、創業時の企業の規模が小さかったがゆえに組織ではなく個人（経営者）に焦点があてられたということを意味するものではない。それは、革新的事業のすべては個人の「革新マインド」が出発点であったことを示しているのである。

したがって、前職の経験などによる知識や技能を活用しての単なる独立創業や古参社員のポスト確保などの人事政策的な必要からの分社化によって、形式的に独立させられた子会社はベンチャービジネスとはなりえない。なぜならば、そのような事業とベンチャー企業との根本的な性格が、その企業を率いる経営者が「革新マインド」つまり、革新に対する強い希求心をもっているか否かの違いによって大きく異なるからである。

4―8 革新的アイデア創出における三つの外部環境

デイ(Day, G. S.)は著書『市場駆動型の戦略――価値創造のプロセス』において、事業を取り巻く環境要因には多くの次元があり、その次元ごとにその意味も強さも異なると指摘し、「外的な機会および脅威」としての外部環境を三つの次元(環境、市場/産業環境、直接の競争相手)に分けている。その上で「最も差し迫った環境の実体は、対象市場の顧客、チャネル構成員、競争相手(市場/産業環境と競走相手)の諸行為からもたらされる」が、「市場を繁栄させたり衰退させたりするより広いマクロ環境も決して見落とすことはできない」として、政治的/規制的、経済的、社会的、技術的次元をあげ、最上位レベルの「環境」としてその重要性を述べている。

しかしながら、これらの外部環境のうち、事業、製品の革新的アイデア創出に直接的に機会と脅威をもたらすものは、デイ(Day 1998)が、事業一般について「最も差し迫った環境」としている対象市場の顧客、チャネル構成員、競争相手の諸行為ではなく、最上位レベルのマクロ次元の環境であると考える。というのは、事業、製品が革新的なものであるならば、従来の製品やサービスの市場規模や競争、チャネルなどの問題は、革新アイデアの創出段階では無視できないものではあっても、主たる関心事ではないと思われるからである。ここでは、デイの環境レベルの分類を参考にして、革新的アイデア創出の根源となる「革新マインド」を取り巻き、「外的な機会および脅威」となる環境として、革新マインドと相互作用を行いながら革新アイデア創出に直接的に影響を与えるものとして次のように整理したい。

(1) 経済的な状況および政治的、法的規制
(2) 情報技術の進展度
(3) マネジメントテクノロジーの利用可能性

これらの環境要素は、革新的アイデア創出とその実現のための革新マインドに基づく努力の規制要因ともなる。また、これらの要素が及ぼす革新マインドへの影響の度合いは一律ではない。科学的テクノロジーの進展が革新を促進することもあれば、それが未発達ゆえに革新を阻害することもある。また、ある革新にとっていかなる要素も阻害要因になっていないにもかかわらず、法的規制の問題がクリアーされないことによって、その革新が実現不可能にもなりうるのである。

内部資源のような形での統制可能なものとはいえないが、これらを単純に統制不可能要因として捉えてしまったなら、「革新」は起こりえない。革新は、革新に対する希求心を中心に、内部能力（コア・コンピタンス）を適切にコントロールすることによって外部環境に働きかけ、それらとの相互作用を通じて外部環境の変化をも招来させて、革新アイデアを創出する過程だからである。

●参考文献

1 Ansoff, H. I.（1984）*Implanting Strategic Management*, Prentice-Hall.

2 Chandler, A. D. Jr. (1962) *Strategy and Structure*, Cambridge Mass: M. I. T. Press.(三菱経済研究所訳『経営戦略と経営組織』実業之日本社、一九六九年)

3 Cllins, J. C. & Porras, J. I. (1994) *Built to Last*, Curtis Brown.(山岡洋一訳『ビジョナリー・カンパニー』日経BP出版センター、一九九五年)

4 Day, G. S. (1997) *Market Driven Strategy: Processes for Creating Value*.(徳永豊他訳『市場駆動型の戦略』同友館、一九九八年、七五頁)

5 Drucker, Peter F. (1995) *Innovation and Entrepreneurship*.(上田淳生訳『イノベーションと企業家精神』(上)、ダイヤモンド社、一九九七年、一二頁)

6 Hammel, G. & Praharad, C. K. (1994) *Competing for the Future*, Harvard Business School Press.(一條和生訳『コア・コンピタンス経営』日本経済新聞社、一九九五年)

7 Hayes, R. H. and Wheelwright, S. C. (1984) *Restoring Our Competitive, Edge*, John Wiley & Sons.

8 Hoffer, C. W. & Schendel, D. (1979) *Strategic Formulation: Analytical Concepts*, West Publishing Co..(奥村昭博・榊原清則・野中郁次郎訳『戦略策定』千倉書房、一九八一年)

9 石井淳蔵・奥村昭博・加護野忠男・野中郁次郎(1996)『経営戦略論〈新版〉』有斐閣。

10 伊丹敬之(1985)『新・経営戦略の論理――見えざる資産のダイナミズム』日本経済新聞社。

11 伊丹敬之(1986)「イノベーションにおける偶然と必然」今井賢一編著『イノベーションと組織』東洋経済新報社。

12 市川彰・山下達哉(1993)『現代経営戦略要論』同友館。

13 加護野忠男・野中郁次郎・榊原清則・奥村昭博(1983)『日米企業の経営比較』日本経済新聞社。

14 Lazer, William, (1971) *Marketing Management: A Systems Perspective*.(片岡一郎監訳『現代のマーケティング――マーケティング・システム究明』丸善、一九七四年)

15 森谷正規、藤川彰一著（1997）『ベンチャー企業論』放送大学教育振興会、一二五頁。
16 小川英次他編（1997）『経営学の基礎知識』有斐閣。
17 Schumpeter, J. A.（1928）"Unternehmer", *Handworterbuch der Staatswissenschaften.*（清成忠男訳編『企業家とは何か』第一章、東洋経済新報社、一九九八年）
18 ヤマト運輸株式会社社史編纂委員会編（1995）『ヤマト運輸七〇年史』

第5章　企業経営における情報技術の活用とその展開

技術革新による経済社会現象は、われわれの意識と行動を刷新するものである。今日われわれが経験している情報技術の利用によるさまざまな変化は、時系列的にみて経済事象の大変革といっても過言ではない。まず、このような変革の意味と経済活動的位置づけについて考察したい。

情報技術の進歩(情報化)の概念は、幅広い経済社会現象を包含しているが、これをコンピュータ化と捉えた場合でも、一九五〇年代にコンピュータの商業利用が開始されてから、すでに五〇年以上の歳月が経過している。一九八〇年代には、情報通信・サービスなどの産業で情報化が進展して情報化社会の到来が叫ばれてきたが、市民社会への影響は一部分に留まっていた。しかしながら、最新の情報技術を付加した機器の低価格化、利便性の向上による一般社会への普及が始まるのは、およそ一九九〇年代に入ってからである。

5—1 情報技術の発展と社会的位置づけ

一九九〇年代、アメリカ経済は情報技術の革新と活用によって見違えるように復活した。このようなアメリカの姿は、ちょうど技術の非連続性と同じように、これまでのアメリカ経済の非連続的な発展を物語るものである。すなわち、非連続的な経済発展は、これまでの歴史においても、技術体系のドラスティックなシフトによって引き起こされたことが確認できる。

まず、一八世紀のイギリスの産業革命をあげることができよう。しかしながら、この時代を振返っていえることは、技術による経済・社会の革命的変化は、一つの出来事で突然起こるのではなく、むしろ旧来の経済・社会・技術システムとの長期的な併存期間を経てもたらされる。それがあたかも突然現れたようにみえるのは、ある時期を境にして、古い従来型の経済・社会・技術システムに代わって、新しい体系のシステムが急速に普及するからである。概ね技術体系のシフトと非連続的発展は図表5-1のように表すことができる。新しい技術（New Technology）を具現した経済活動の広がりが、ある限界点を越えたときに、革新的な現象（非連続的な技術変化）としてわれわれの目に映るのである。

現在の情報技術の変革を篠崎（1999, p. 5）の主張でみてみると、概ね技術体系のシフトと経済活動の関連性を次のようにまとめることができよう。現代は、一八世紀の産業革命期にみられた石炭業、鉄鋼業、鉄道建設という産業連関の形成、一九世紀から二〇世紀初頭にみられた石油化学産業、自動車産業、道路建設いわゆる重厚長大型産業に続く情報・通信、ネットワーク・インフラ産業という第

図表 5-1　技術体系と非連続的な発展

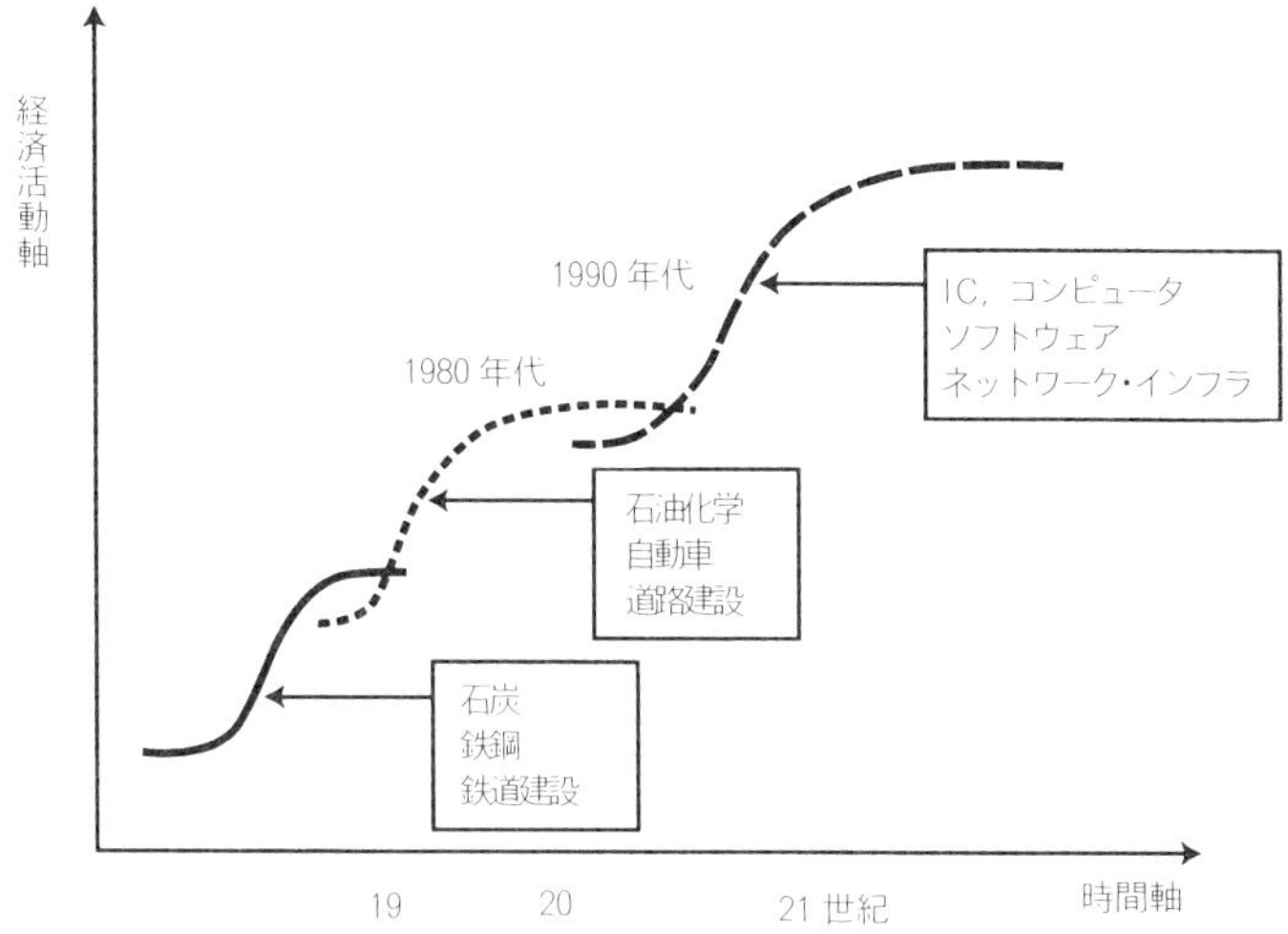

出所：篠崎（1999）3 頁。

三の産業連関勃興期と捉えることができる。

こうした潮流の中で今日、長期拡大を続けるアメリカの経済発展を支える牽引力は情報投資ならびに一般設備投資である。このような設備投資は、総需要を喚起し現在に直接影響を及ぼすだけでなく、その結果がサプライサイドの構造に影響を与えて二つの側面から生産性の上昇をもたらすといわれる。すなわち、第一は、資本装備率を高めることであり、第二は、投資にあたって最新のテクノロジーを企業に取り込む、つまり資本に体現化させることが可能になる。こういう意味から考えると、設備投資は新時代の経済基盤構築に重要な関わりをもっている。一九八〇年代のアメリカは、長期にわたる好景気を謳歌したが、設備投資が低調であったためにサプライサイドが脆弱化した時期でもあった。これに対し一九九〇年代は、設備投資に牽引された成長であり、技術体系の劇的変化を最新鋭の技術を体現化した設備の導入というかたちでダイレクトに取り込み、サプライサイドを活性化させている。今日のアメリカにみられる良好なマクロ経済パフォーマンスの原因は、技術体系シフトへの可憐な適合であるといえる。設備投資主導の経済拡大によって、情報技術がもたらす生産性上昇への道が開かれたことは紛れもない事実である。

本章では、まず最初に情報技術の進展によって可能になったコンピュータと企業との関連社会の実現に向けて、主として企業サイドからの今日的な課題と問題点を簡略に考察してゆきたい。次に、情報技術がこれまで利用されてきた経営環境や生産方法について討議し、その活用についての新たな方向性を模索して行く。最後に、オープン型経営に代表されるような今後の情報技術の方向性を明示する。CALSの導入が企業活動のあり方を大きく変化させようとしている。今日の情報技術の発展は、日進月歩の勢いで進んでおり、企業経営に与える影響が大きいだけに、情報技術を戦略的に用いる積極的な経営を考えることが大切である。

5—2　情報システムの戦略的活用

一九八〇年代後半より、情報システムの戦略的活用をめざしたSISが多くの企業で取り組まれ、情報システムの変容に少なからぬ影響を与えた。シノット(Synnott 1987)は、運営支援システム、経営支援システムに続く第三世代の顧客支援システムをSISとして位置づけた。従来の効果が作業工数や材料費の削減や管理者への情報提供による改善の促進であったのに対して、ＳＩＳは、顧客自身がそれを価値ある製品・サービスとして認識することによる競争優位性の獲得が効果的である点では特徴的であった。パーカー＆ベンソン(Parker & Benson 1988)は、情報システムの多様な効果を価値と言い換え、価値は「競争相手に対する優位性に基づいており、現在そして将来の事業成績に反映する」と述べた。しかしながら、ストラスマン(Strassmann 1990)は「企業の利益率と情報化投資に相関関係が全く存在しない」と結論づけ、情報化だけで価値が生まれるのではなく、経営管理的な価値が創造されたかどうかが重要なのだと主張した。ＳＩＳの登場によって、情報システムは量的、質的に大きく発展したにもかかわらず、投資評価の困難性はますます増大していった。

情報システムは部門間統合からＥＤＩやＣＡＬＳ[4]などへの企業間統合へと、統合化の度合いを深めていった。松島(1994)によれば、ボーイングＢ７７７プロジェクトは、アメリカ・ボーイング社と日本の三菱重工業、川崎重工業、富士重工業によるグローバルな統合で「米国の得意領域である基本設計技術、ＣＡＤ利用技術、そして日本企業の生産技術、コストリーダーシップなどを、お互いに活用し補完することに意義があった」とされる。しかし、宮川・野口の主張(1994)のように、組織間での情報化投資の効果に対する認識が大きく異なることが、統合化への阻害要因になっていると指摘するなど、ここでも投資評価の重要性が高まっている。

4　略語であるＣＡＬＳという名称は、これまでにその解釈と内容が四度にわたり拡大されてきている。(1985 Computer Aided Logistic Support, 1988 Computer-aided Acquisition and Logistic Support, 1993 Continuous Acquisition and Life-cycle Support, 1994 Commerce At Light Speed)。

汎用コンピュータ主体の利用形態から、分散された数多くのパソコンを活用するクライアント・サーバー・コンピューティングやインターネット／イントラネットなどによるネットワーク中心の情報システムへ大きく変わりつつある。そこでは、機種やソフトウェア環境に依存しないオープン志向とエンドユーザー中心の利用が特徴になっている。櫻井(1995)は、このようなオープン志向の情報システム評価の基礎的評価条件として、投資によって得られる戦略的効果の測定、ユーザーの利用方法による効果の変化、業務改善効果の測定の三点をあげている。

従来の情報システムでは、利用者は決められた適用業務に基づいて情報を入手していたのに対し、ネットワーク中心の情報システムでは、利用者自身が適用業務を選択し、必要な情報を得る。したがって、必然的に用途が特定されないインフラ的投資の比率が多くなるであろう。

5―3　企業における情報技術の動向

情報ネットワーク技術は、VAN、EDI[5]、CALS[6]およびWWWなどのニーズの高まりの歴史とともに発展してきたが、さらに異なる組織間でのビジネスプロセスの統合が近年推進されてきた。

5　Electronic Data Interchange is the inter-organizational computer-to-computer exchange of structured information in a standard, machine-processable format.

6　CALS is a global strategy to further enterprise integration through the streamlining of business processes and the application of standards and technologies for the development, management, exchange, and use of business and technical information.

また、そこで取り扱われる情報も、単なる数値と文字のデータから文書、図面などの幅広い種類と質を伴った情報、すなわちマルチメディア情報へと発展してきた。

　異なった組織を相互にネットワーク接続することは、世界的な通信網であるインターネットとして一般に知られ普及してきた。しかし、インターネットとは組織のもつ個別ネットワークを単に物理的に接続することではない。標準的な記述言語であるＨＴＭＬによって、Ｗｅｂサーバーとクライアント・ブラウザからなる、プラットフォームに依存しないオープンな利用・開発環境を実現していることに真の価値が見出される。これらの変革は、情報処理から情報交換へと、ＩＴ（Information Technology）の意義の転換を意味し、さまざまな要素技術の変革を要請している。このような情報技術の転換は、どこからどこへでも、つまりAnywhere to Anywhereを実現し、情報の偏在性（Locality）を解消させるツールとなっている。

　一九六九年にアメリカの国防総省の主導で構築されたのがARPANET（Advanced Research Project Agency Network）である。その後、大学間との連携を深める中、今日の標準的な通信プロトコルであるＴＣＰ／ＩＰ[7]（インターネットの通信手段）を使って大規模なネットワークが構築されて

7　ＴＣＰは、ＩＰの上位に位置するトランスポート層プロトコル。コネクション型プロトコルで送達確認など信頼性が考慮されている。他方、ＩＰはインターネットプロトコルの略である。ＴＣＰ／ＩＰ通信でのネットワーク層に位置するプロトコルである。Transmission Control Protocol/Internet Protocol. ＴＣＰ／ＩＰと表記した場合、ＴＣＰとＩＰという二つのプロトコルのみを指すのではなく、ＩＰプロトコル上で実現するすべてのプロトコル群、通信サービスを指しているのが普通である。ＴＣＰ／ＩＰ通信、ＴＣＰ／ＩＰプロトコル群とも表記する。

いる。アメリカでは一九七九年にスタートしたUSENET（USEr's Network）とBITNETを中心に拡大され、ゴア副大統領（クリントン政権）の情報スーパー・ハイウェー構想のもと着実な拡大がなされている。インターネットの商用化は、アメリカでは一九九〇年に行われ、多くの利用者を爆発的に獲得していることは周知の事実である。一九八〇年代のインターネットは、学術研究を支えることを大義名分とした、全米科学財団の予算でバックボーンが運営されていた。したがって、その利用も学術研究に限られ、民間人はなかなか参加できなかった。今日のパソコン利用の急成長によって、インターネットが身近なメディアとなったこともあり、各国企業がこぞって投資を始めている。

他方、わが国では、一九八四年にJUNET（Japan University Network）という、大学間を結ぶUNIXを中心としたネットワークがスタートしている。当初、わが国において、ネットワーク研究のための村井純氏（慶応大学）が申請した文部省科学研究費が認められなかったという事実は、遺憾ながらネットワーク研究の後進性を物語っている。わが国での普及は、商用サービスが始まった一九九三年より、商用プロバイダーが個人の利用者を獲得し、ホームページを開設させるなど商業ベースの利用が火付け役となった。世界レベルでは、インターネットの接続ホスト数は、一二〇万件（Internet Society）を超えており、インターネット利用者は九〇〇〇万人（Infoweb）いるといわれている。[8]

8　一九九七年四月時点の数値であり、その後も幾何級数的に増加の一途をたどっている。

すなわち、インターネットの起源は一九六九年にスタートしたＡＲＰＡＮＥＴプロジェクトに始まる。それは、国防総省高等研究計画庁（ＡＲＰＡ）が始めた研究開発プロジェクトである。国防総省がこのプロジェクトを発案した背景には、安全保障の問題があり、通信拠点が破壊されても、なおかつ動作するような通信システムは創れないかという問題意識から、情報を細切れに運ぶバケット交換技術（データのバケツリレー）に目をつけたのであった。このアイデアは一九六四年にポール・バラン氏によって考案され、今日に至るまで、インターネットは攻撃目標となるような中心のない〝水平分散型ネットワーク〟として成長している。要するに、情報技術がオープンになっているインターネットは、さまざまな人間が時間と場所を気にすることなく関与することを可能にした。

5―4　インターネットを支える技術

インターネットを個別ネットワークを物理的に接続するための、いわばネットワークのネットワークであると考えているとするならば、もはやそれは正しいとはいえないかもしれない。もちろん、すでに多くの資料、文献によって知られるようにインターネットがＡＲＰＡネットから始まり、研究者間の情報ネットワークの構築を意図したものであることは明らかである。さらに、この技術は、遠隔地にある大型コンピュータにログオンできるための機能が中心であった。

その後、一九九〇年代前半にＭＯＳＡＩＣからNetscape Navigatorへとつながるｗｅｂとブラウザー技術の発展が、インターネットの可能性を大きく前進させることになった。すなわちＨＴＭ

L(Hyper Text Mark-up Language)という文書記述ルールに基づいて、データを蓄積し、共通のブラウザーを介してそれを閲覧することを可能にしたのである。ブラウザーでホームページのソース表示をしてみれば、このＨＴＭＬ文書を直接見ることができる。それが単純なテキスト文書であることに驚かされるかもしれない。ホームページの本文はこのようなテキストデータの形式で蓄積、送受信される。そしてクライアント側のブラウザーがこれを解釈し画面に展開・表示する。

この技術の特徴は、第一に単純性、第二に必要資源の少なさ、第三にプラットフォームのオープン性である。まずテキスト形式の文書の蓄積と閲覧という単純なしくみは、開発と運用の容易性を向上させている。ＨＴＭＬ言語が簡単かどうかは意見が分かれるだろうが、ベンダーがさまざまな開発支援ツールを開発しやすいことはたしかであり、ＨＴＭＬを意識しないでホームページが作成できるのは、もう現実になっている。テキストはまさに、メモ帳程度の簡易な一般的なエディターで作成・編集可能であることも好都合である。ＨＴＭＬ文書のデータ量をチェックしてみると、文書自体、つまり画像などを含まないものは、ほとんどが数ＫＢ程度である。このデータ量の少なさは必要資源の少なさを意味する。

そしてデータはサーバーからダウンロードするわけだから当然クライアント側の容量は少なくてすむ。さらに、ＨＴＭＬという記述ルールにしたがって運用できるなら、ＵＮＩＸとＷｉｎｄｏｗｓ、Ｍａｃ、Ｌｉｎｕｘなどの、どのプラットフォームでも情報の蓄積と閲覧が可能である。したがって、従来のオンラインシステム開発では、利用者がどういうターミナルを設置しているかを十分考慮しなければならなかったのに比べて、インターネットでは不特定多数の利用者の環境をまったく考慮しなくていいというオープン性が、システム開発の生産性向上、容易性を大幅に向上させている。

次に、インターネットの具体的な利用としては、①電子メール、②TELNET、③FTP（File Transmission Protocol）、④WWW（World Wide Web）が代表的である。それぞれの項目についてしばらく概観する。

①電子メール

パソコン通信と同様なメールが、世界中のネットワーク上で利用できるようになった。インターネットを利用するとメールは、宛先ドメインのコンピュータを通してPCに送られる。地球の裏側まで定量の文書を送るには、コストと正確さを含めて、最も早い方法がインターネットを利用する方法である。到達スピードは、速くて数秒、遅くとも数時間の内に届く。最近の特徴としては、メール作成、送信、受信のアプリケーションが充実してきたことやバイナリーファイルを送受信できるようになったことである。

②TELNET

インターネットに接続された世界中のネットワーク・コンピュータに接続することができる。自宅から会社のコンピュータ、研究所、総合図書館などと接続が許されている限り、端末のように操作できるので距離や国際通話料金を気にせず、好きな時、好きなところへつなぐことができるようになった。

③**FTP**(File Transmission Protocol)

FTPはファイル転送プロトコルの略である。電子メールよりも手軽にプログラムや文書、画像、音声といったファイルを転送できる。メガ単位のファイルを時間と距離を気にすることなく送受信できるので、プログラム・データの転送に多く使われている。特に、anonymous FTPと呼ばれるものは、誰でも匿名で受け付けてくれるのでさまざまなサイトで情報やプログラムを入手することが可能である。

④**WWW**(World Wide Web)

これは、インターネットの最もポピュラーな利用方法である。この起源は、一九八九年にスイスの欧州素粒子物理学研究所(CERN)で開発されたアプリケーションである。文字に画像等を組み合わせたマルチメディア文書をハイパーテキスト化したものである。ハイパーリンクによって他のインターネット・リソースを関係づけながら情報を発・受信することができる。

World Wide Webは、WWWサーバーとWWWブラウザーのペアで成り立っており、前者は後者からのリクエストに応じて情報を提供する。情報技術的な構成要素は、(1)WWWサーバー上に情報を蓄積する際に用いるHTML言語[9]、(2)インターネット上のリソースの位置を示すURL[10]、(3)サーバーとブラウザー間、およびURLで示されたサーバーとブラウザー間で情報をやり取りする方法を定めたhttp[11]プロトコルである。

9 HyperText Mark-up Language の略である。これは、ドキュメントを構成する要素の一つ一つに対して、文脈上の意味構造を<>で囲まれたタグをつけて明示してゆく記述法である。

10 Uniform Resource Locator の略である。インターネット上における情報（リソース）の位置とそれをやり取りするためのプロトコルをセットにした表記法のこと。例えば、http:www.hokkai-s-u.ac.jp というＵＲＬが北海学園大学のホームページを示す。これは「WWW. で始まる http:www.hokkai-s-u.ac.jp というコンピュータのフォルダ」という位置情報とそれをやり取りできるのがｈｔｔｐプロトコルであることを示している。ＷＷＷブラウザーにこれが入力されると指定された情報を受け取りに行く。

11 HyperText Transfer Protocol の略である。ＷＷＷサーバーの働きを規定したプロトコルである。

ＷＷＷは、学術研究の成果を互いに共有することを目的として作られたアプリケーションであるが、上述の NCSA Mosaic が登場して事情が一変してしまった。NCSA Mosaic は文字画面に画像を同時に表示するインライン表示機能をもっており、ＷＷＷがもつ豊かなマルチメディア表現の可能性を広く知らしめたことにある。このことで、インターネットの世界が一気に拡大されて、急速な普及に繋がったとみることができる。その後は、Netscape Navigator や Internet Explore という代表的なブラウザーがインターネットブームに一役買っている。今日、企業、社会団体、個人のホームページが破竹の勢いで作成されており、今後の主要な情報源になることは間違いない。まさに現在のインターネットブームはＷＷＷブラウザーを中心に回っているといっても過言ではない。

5−5 情報技術とネットワーク技術

ＰＣかインターネットかという問いは、一九九五年のオラクルによる五〇〇ドルコンピュータ宣

図表5-2　ブラウザーを使った情報ネットワーク

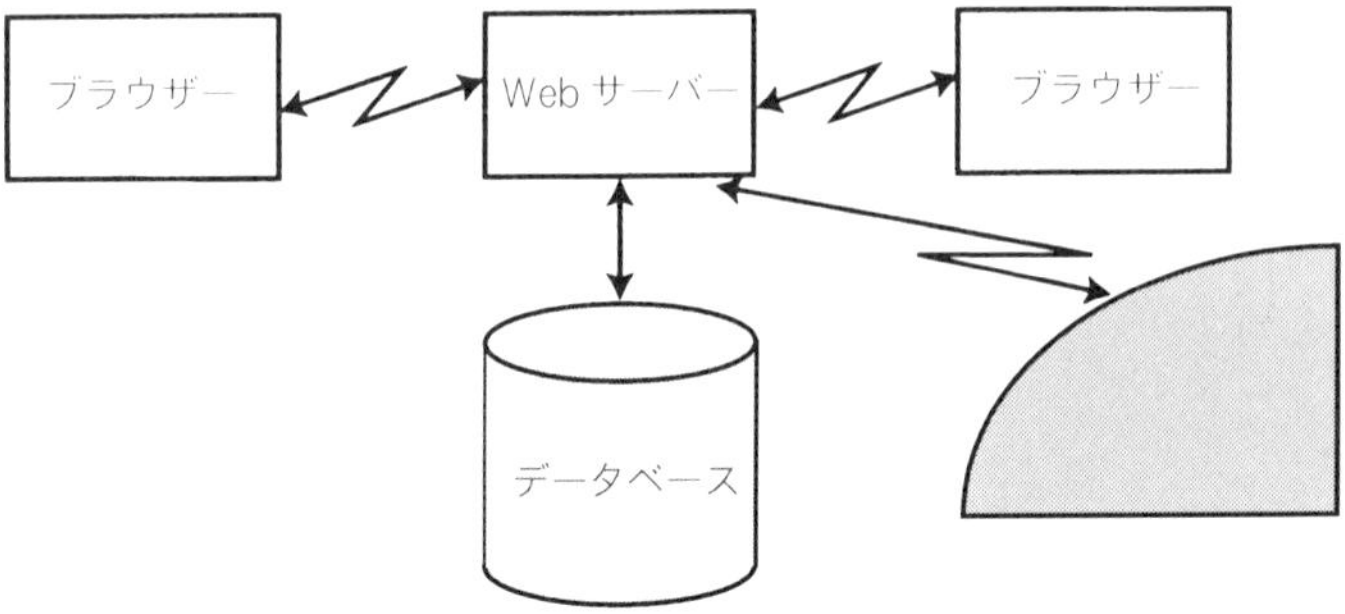

言以来、大きな議論を呼んでいる。従来のダウンサイジング戦略への大きなアンチテーゼとして、あるいは肥大化するＰＣプラットフォームへの新たな提案として、ネットワークコンピュータとブラウザー利用を中心としたＷｅｂ技術が、現在の大きなテーマであることは疑いない。このことが、最近のイントラネット、すなわちインターネット技術の社内利用が、新たな企業投資の目標となり、市場創造の可能性にむけて多くのベンダーが参入することにつながっている。この背景には、企業のバーチャルコーポレーション化、いいかえるとネットワーク活用による外部資源の活用ニーズの増大が大きな影響を与えている。

現在のインターネットの一般的な利用の中心は、情報を公開するためのＷｅｂサーバーにＨＴＭＬというタグ方式で記述された文書を蓄え、それをブラウザー（閲覧）機能をもつNetscape Navigator や Internet Explore を用いて見ることである。このブラウザーソフトはプラットフォーム（機種やＯＳなどアプリケーションが稼動するための土台）に依存しないため、不特定多数の利用に適し爆発的に広がっていった。そして、これを社内にも活用できることに着目したイントラネットが、一九九五年後半よりアメリカで、一九九六年から日本でも話題を呼んでいる。しかし、このような幅広い利用を実施するには、Ｗｅｂの技術は未熟であって、ＨＴＭＬ言語では静的な文書を記述することしか通常はできない。自動的なデータベースの更新や、業務に欠かせないトランザクションデータの処理、例えば倉庫での在庫データを検索し引き当てるとか、入出庫データをインプットして在庫データベースを更新したりすることは通常はできない。[12]

12　しかし、最近の技術動向として注目を集めているのが、plug-inのソフトの組み込み、Java、ActiveXを利用した表現方法である。この技術によって、リレーショナルな在庫データなどの更新ができるようになった。

5—6　囲い込み型経営とオープン型経営

企業経営をオープンにするか、クローズにするかは、重要な戦略の一つであるが、従来の経営システムを「囲い込み経営」とし、新たに「オープン型経営システム」への転換が提唱されている。

一九八〇年代のＩＢＭは囲い込み型経営システムの代表とされることが多いが、他社との混合利用の環境を拒み、独自仕様に基づくフルライン製品戦略をとり、素材から開発、販売にわたるあらゆる資源を自社内にもつことによって、強大な競争優位を確立していった。しかしながら、ダウンサイジングとＵＮＩＸなど新たな環境下で、情報ネットワークにおける他社とのオープンな接続への取り組みの遅れによって、かつてのコンピュータの帝王といわれたＩＢＭは、凋落の一途をたどってしまいパワーを失ってしまった。IBMが最近再生できたのは、まさしくPCの仕様公開や、外部資源の活用といった経営のオープン化へのトランスフォーメーションに成功したからだといってよい。かつての栄光が次の敗北への原因になることが多いという証左かもしれない。特に、日本においては、「系列」によって構築された企業間の特殊な取引関係によって囲い込みが進められた。そこには必ず系列内だけの独自なインターフェースが存在した。

情報システムによる囲い込み型経営は、SIS(Strategic Information System：戦略的情報システム)によってもたらされたとの考え方もある。要するに、規模の経済性を追求する中で、資材調達、技術開発、販売というような事業に関わる諸業務の内部化を進め、規模の経済性を追求した。さらに、事業の多角化によって範囲の経済性をめざした。すなわち、資源を内部に抱えることこそが経済性の基本であった。IBMでは、半導体製造から、コンポーネント、そして最終製品製造、さらに販売までも社内資源で行うという徹底した内部化による経営の純正化をはかってきた。それはまた、海外子会社の一〇〇%資本保持にみられるように文化の維持にもつながっていた。

これに対して、オープン型経営は、標準インターフェースを用いて外部の資源を最大限、有効活用しようとする。インターフェースは、コンピュータ間のコミュニケーションだけではない。取引処理にまつわるさまざまなビジネス上の約束事も同様であり、それらが系列内だけの独自仕様に基づいているならば、参入障壁となり、系列内の囲い込み型経営の一要因となる。

一般的に、調達に際しての費用は、製品そのものの製造に関わる生産費用と、調達に関わる調整費用に分けることができる。そして社内での調達は、生産費用は高いけれども調整費用が低い。逆に外部からの調達は生産費用は低いが調整費用が高くつくとされる。つまり外部で買えば、その時々の一番安いものを購入できるし、数社が製造していれば一番安い企業から買え、値引きも要求できるかもしれない。しかし最適な企業の探索や交渉には時間と費用がかかるのである。

囲い込み型の経営では、製造する工場や数量、さらに価格も自社の裁量で決められるので、調整費用が少なくて済む。この部品はこの企業から、このサービスはこの企業からと決めておけば、見積依頼や価格交渉も不要となるからである。このことを産業レベルで構造化したのが日本の「系列」である。

インターネットのもつオープン性によって、取引したい企業の探索や交渉の費用が削減されるので、調整費用の削減が期待される。このため、企業経営はオープン化へと転換していった。これは Yahoo のような検索エンジンを使うとどんなことが可能かを考えれば容易に理解される。ある部品を調達したければ、まず部品検索エンジンを使って検索し、電子メールによって個別的な仕様要求を伝え、必要ならば図面も交換し、要望を述べるようになる。この相手がもし、海外であったなら、従来の方法に比べて、時間と費用の節約は膨大なものになるであろう。そして、なにより、従来では、そのような部品メーカーを見つけ出すこと自体が困難であったかもしれない。

このようにして、情報ネットワークによって外部資源の活用が経済的であるようなシフトが起こりつつある。さらに企業同士が結合することによって、単一企業では実現できなかったような、新たな価値を生み出す潜在的可能性が生じてきた。それは、「連結の経済性」と呼ばれている。アウトソーシング、アライアンス、さらにバーチャル・コーポレーションなど話題になっている経営戦略は、このような価値の追求であるといってよい。各企業が培った強みを組み合わせることによる新たな価値の創造、すなわち、インターネットのもつオープン性は、このような企業関係の変革をもたらすイネーブラー（実現要因）となっている。

5—7 情報技術によるビジネスプロセスの変革

通常の情報システム開発過程においては、設計された業務プロセス、あるいはデータの構造に基づいて、それを実現するための情報技術を決め、それに伴う投資を意思決定してきた。ＩＴと経営との関係について、リエンジニアリングの提唱者たちは、新しいビジネスプロセスの実施ツールとしての役割以上に、ビジネスプロセスの変革あるいは創造への役割を強調した。リエンジニアリングの提唱者であるハマー＆チャンピー（Hammer & Champy 1993）は「仕事のルールを変えてしまう破壊的な効果が、情報技術に存在するからこそ、それは競争上の優位を探求する企業にとって、非常に重要なのである」。また、ダベンポート（Davenport 1993）は、変革を実現するプロセス・デザイナーはプロセスを形成する、あるいはプロセスの実現を支援するすべてのツールを考慮しなければならない。情報技術とそれが提供する情報が、もっとも強力なツールである」と述べる。

すなわち、情報技術には処理の自動化のみならず、追跡、分析、統合化、知識の蓄積などの機能

図表5-3　情報技術によるプロセスの改革

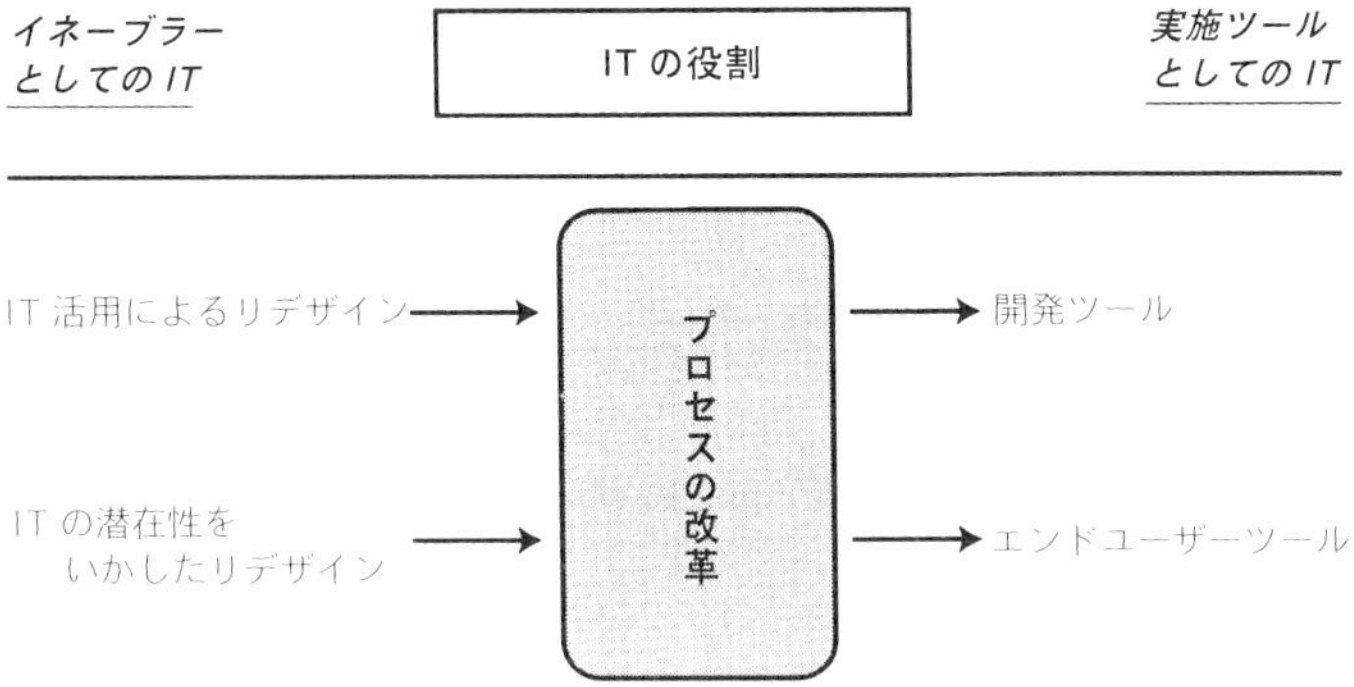

出所：Davenport, T. H. (1993) *Process Innovation* を参照

が含まれており、さらにいえば、GUIのような最近の情報技術によってビジネスプロセスを具体的に検討することができるようになったのである。

例えばCASE(Computer Aided Software Engineering：コンピュータ支援ソフトウェア工学)は、業務プロセスを容易に記述できることによって、改革の検討を支援する。すなわち、現行プロセスにおける情報とモノの流れを記述し、どこにムダがあるかを発見したり、他社や標準的なプロセスモデル、あるいは標準的データモデルと自社を比較するベンチマーキング活動によって、プロセスの再設計を支援できる。これらをGUI、つまりグラフィカルに表示することで、情報技術の専門家だけではなく、業務の専門家たちを含むチームにおける議論を促進する。これらの検討結果を設計ワークシートに記述するだけでプログラムコーディングが完了するという開発ツールも出現してきた。

ビジネスプロセスは、情報技術の影響を受け、情報技術はビジネスプロセスのニーズに基づいて発展していく。例えば、グループウェアは当初、共有ファイルの管理が中心的な機能であったが、その機能を活用する中で、業務の並行化、コンカレント化、さらに組織のフラット化へのニーズを生み出し、ワークフロー機能を提供できるようになってきた。さらに幅広い利用者との情報交換へのニーズから、Ｗｅｂ機能を取り入れるようになってきた。

次に、ここで情報技術の生産システムへの活用とその影響について暫く概観してみたい。ハマー＆チャンピー（Hammer, M. & Champy, J. 1993）はリエンジニアリング（ＢＰＲ）を次のように定義している。それは、「経営の今日的な重要課題である原価削減、品質、サービスの向上、スピードアップなどを最新の情報技術を活用して劇的に達成するために、ビジネス・プロセスを根本的に再考し、抜本的に再設計して革新すること」と定義する。

これまで企業は、ひたすら規模の経済性を追求して標準製品の大量生産を行い、際限なく増大し続ける需要に応える努力を継続してきた。この間の企業経営における最大の関心事は、いかにして市場の拡大に適合した規模の経済を行うかにあった。産業社会の関心ももっぱら数量に集中し量的拡大をはかるための高度な計画技法やコントロール技術が開発され重視された。

ところが、一九九〇年代に入ると、第二次産業革命といわれるメカトロニクスの急速な発達により工業生産力がさらに向上し、ある程度の品質の標準品であれば市場が消費しきれないほど大量の製品を安価に供給できる状況が生じた。顧客は、大量生産された標準品ではもはや満足せず、自分のニーズにあった製品・サービスがタイミングよく提供されることを要求するようになった。このような状況に対応するために経営を根本的に革新し、分業により細分化され、専門化された職務を変革する必要性が高まる。すなわち、従来の標準品の大量生産に適した経営を、一連の職務の集まりである業務プロセスを少人数で自立的な職能横断的チームによって遂行していくという、多品種少量に適した経営に変革することをリエンジニアリングと呼ぶのである。

具体的なリエンジニアリングの典型例として、ハマー&チャンピーは、ＩＢＭクレジット、フォード自動車、およびコダックの三事例を紹介している。紙幅の関係上詳述は避けたいのだが、例えば、ＩＢＭクレジットは、取引先の融資案件の審査業務をコンピュータ・エキスパートの支援をうけて案件処理数は一〇〇倍に増加したが、全体の人数は減少したという。フォード自動車では、購入部品の買掛品支払業務をペーパーレスのコンピュータ処理に改めたことにより、北米部門の五〇〇人の買掛品支払い部員は一挙に一二五人へと削減された。さらにコダック社は使い捨てカメラの製品開発期間をコンカレント・エンジニアリング手法を採用して、通常七〇週要するところを三八週に短縮したという。

他方、日本において自動車照明大手のスタンレーは、コンピュータネットワークによる営業、設計、購買、生産部門の連携強化に取り組み、地域拠点（鶴岡製作所、いわき製作所）の独立運営を達成するとともに、本社人員を約二割削減している。また、ステンレス流し台のクリナップは異なる機種の製品を一個単位で生産できるラインを構築して、受注した製品を配送トラックの出発時間から逆算して生産しているという。今世紀後半に起こった機械・電子技術（メカトロニクス）の飛躍的発達によって、NC工作機械や産業用ロボット、マシニングセンター、自動搬送車など高度のインテリジェンスをもつ機械が配備され、多様な仕様の製品を変量生産できるFlexible Manufacturing Systems（FMS）が実用化されるようになった。その結果、従来の標準製品とは差別化された多様な製品が、標準品と変わらないような低価格で供給されるようになる。競争優位確立のための基本戦略をコスト削減から製品の多様化・差別化に転換し始めた理由がここにある。

5—8　新たな情報技術によるインパクト

地域の産業は情報技術、とりわけ情報ネットワークによって大きな影響を受けつつある。情報技術が企業内だけでなく、EDIさらにインターネットなどによる、企業間ネットワークの構築が特に最近目覚ましい。このことによって従来の企業間取引はどのように変化するであろうか。

マローン（Malone 1987）によれば、内部組織と市場調達との比較において、市場調達が生産コスト（Production Cost）が低いにもかかわらず調整コスト（Coordination Cost）が高く、一定の均衡に達する。ネットワークなどの情報技術によって調整コストが低減するため市場からの調達が増大すると述べ、調整コストに影響を与える要因として資産特殊性（Asset Specificity）と製品の複雑性（Product Complexity）をあげた。ここで述べる資産特殊性とは、容易には他の企業によって調達が困難な特殊性を意味し、「場所の特殊性」（Site Specificity）や人的資産特殊性（Human Asset Specificity）

などからなる。

このような特殊性が高ければ高いほど市場から調達することが困難になり、内部組織あるいは特定の調達先からしか入手できない。このことによって、交渉力は低下し、生産コストや、代替調達先の探査コストが上昇する。

マローンは、情報技術が電子的調整を可能にし、これらの調整コストを大幅に引き下げる可能性をもっていると主張した。そこでは、代替的な調達先を見つけることが容易になり、遠隔地にある調達先にも電子メールを使えば、迅速にコミュニケーションが可能となり、さらにインターネットのホームページによって、見知らぬ買い手と調達先とを結びつけることが非常に容易になってくる。

このように情報ネットワーク技術の活用は市場の大幅なオープン化を促進し、企業間の結びつきをますます増大させる。従来の「規模の経済性」や「範囲の経済性」に加え、宮澤(1988)による主張である「連結の経済性」が重視されるようになってきている。これまで述べてきたように、情報技術の発展、とりわけ情報ネットワークによって、次のことが実現可能である。

①距離に依存しないコミュニケーションによる地域特殊性の低下
②企業間での取引の促進
③ビジネスプロセス変革の具現化

これらは、地域産業に対して、ある場合はプラスをもたらすかもしれないが、多くの場合、マイナスの影響をもたらす危険が大である。もちろん、すでに地域に誘致された第二次産業企業は空洞化し、地域の産業に大きな影響を与えている場合も増加している。さらに、それ以上に地元を中心にビジネス展開してきた企業さえも、地域外との競争にさらされ、受注競争やコストプレッシャーなど厳しい環境にさらされつつある。

マローンは、情報ネットワークによって「場所の特殊性」などの資産の特殊性が減少するために市場のオープン化が進むと述べた。地域性はここで述べられる「場所の特殊性」の一種と考えられる。つまり、地域性によってもたらされる「濃密なコミュニケーション」を基礎にして、地域内企業間の調整コストが一定レベルに維持され、地域外の企業からの参入障壁を形成してきた。すなわち、地域性は競争力の一種であるとも考えられ、単に閉鎖性と簡単に片づけるわけにいかない合理性をもっているといえるだろう。情報ネットワーク化はこの「場所の特殊性」を減少させ、そして地域内の買い手に地域内で購入する動機づけを減少させる。つまりオープンな市場、どこからでもコストをさほどかけることなく購入することができるようになるからである。家電商品では、遠隔地にある量販店までのアクセスが、自動車専用道路の整備によって短縮されたり、頻繁なチラシの配布によってディスカウントの情報が早く流されたり、故障してもきちんと直してくれるといったインフォーマルな情報が広がれば、もはやリスクを気にしなくなり、近所の電器店から購入する積極的な理由はなくなる。

企業間取引においてもアウトソーシングやアライアンスなどが増大している。ここでも企業のもつコア・コンピタンスの有無が競争力の源泉となりうる。したがって、地域性だけが強みであった企業は、情報ネットワークによるオープン化によって競争力を失う危険性が大きくなる。そして幅広い競争環境でコア・コンピタンスを醸成してきた企業と、限られた地域内でビジネスを行ってきた企業との競争の構造は、特に地域の中でのみビジネスを行ってきた企業の脆弱さを露呈させるであろう。

さらに、企業間取引において、必ずしもすべての企業に平等に取引の機会が与えられるわけではない。例えば、取引先とのCADデータの交換や、EDIで受発注が可能であるという要件を満たしている企業にのみ、この機会が与えられるとすれば、情報ネットワークは、囲い込みの手段ともなりうる。もし情報技術がビジネスプロセスの変革、いいかえれば企業経営のさらなる効率化に寄与するというのならば、情報技術の洗練度と企業効率化との関連が強くなることは容易に予想できるだろう。

これらのことはライヒ(Reich 1991)が述べたシンボリックアナリストの議論に相似している。すなわち、シンボリックアナリストは「シンボル操作によって問題点を発見し、解決し、あるいは媒介する」。新しい環境では情報を操れる人たちと、そうでない人たちとの格差がますます増大する。このことで直接、地域産業の未来が暗いというわけでもなく、地域にこだわる企業すべてが厳しくなると断じることはできない。しかし、地域だろうが都会だろうが新しい環境に対応できない企業が生き残ることが難しいことは明らかである。その意味で地域企業のシンボリックアナリシスの能力の水準は必ずしも高くないであろうことが大きな課題である。そして、単に地域性という「場所の特殊性」だけがコア・コンピタンスであるという状況は維持できないことは明らかである。

5―9 企業の情報システムを変革するイントラネット

企業情報ネットワークで比較的安価でより高度なシステムであるイントラネットが、今日脚光を浴びつつある。このシステム自体は、歴史が新しく現在進行中なのだが、企業活動に不可欠な信頼性[13]や安定性を獲得し大きな進展をみせている。イントラネット(Intranet)は、インターネットの技術を使って構築した社内(組織内)と社外のコンピュータネットワークである。

13 暗号化技術が実用化に耐えるレベルまでに達している。この電子取引は、例えばクレジットカードの認証や電子マネーの流通など、大手銀行やその他の金融機関がリーダーシップをとりながら普及の段階にある。

日本ではインターネットといえば、ホームページという観があるが、米国では利用の六割が社内向け、四割が社外発信である。このシステムのメリットは、次の二つの理由による。まず、パソコン[14]とTCP/IPを利用すれば、低コストで社内ネットワークを構築することができるということである。さらに、もう一つはWWW(World Wide Web)という使い易いブラウザー(文書処理システム)が登場したことである。一九八〇年代までは、MIS、MSS、SISなど汎用コンピュータをホストにした専用システムを社内ネットワークとして組み上げていた。しかしながら、多くの企業は、メンテナンスやシステム管理費など膨大なコストがかかるため、導入に踏み切ることが難しかったことも事実である。そこで登場してきたのが、インターネット/イントラネット(Internet/

Intranet）である。このシステムはUNIXやWindows NTあるいはMacintoshを使ったサーバーに、ライアントマシンをLANで繋ぎ、TCP／IPアプリケーションを使って社内ネットワークを構築する。

14　日米の情報インフラを『情報化白書』（1996）によって比較すると、「情報化関連設備投資比率」は日本とアメリカそれぞれ、一二・二%と一八・七%、「パソコンのビジネス市場での普及比率」は一四・一%と四六・五%、「パソコンのネットワーク比率」は三五%と八二%であった。今後の急速な伸びが期待される反面、社会レベルのインフラ整備が重要になってきた。

WWWのブラウザーを使えば情報閲覧システムが簡単に構築できる上、それにルーターを介してサービス・プロバイダーに接続すれば、グローバル・ネットワーク・システムとして機能する。このパフォーマンスの良さを利用したシステム構築がコンピュータ関連会社の競争を激烈なものにしているというのが現実の構図である。

開発の重点課題の第一は、情報とシステムに関するセキュリティの確保である。社内ネットワークとして活用するには、情報を秘匿（ファイヤーウォール）にすることができなくてはならない。ましてや、金銭上の取引や商法上の契約などは、第三者に利用できなくするような暗号化の技術が不可欠である。現在、暗号化の技術やファイヤーウォール製品が、イントラネット向けに開発されている。第二としては、WWWを使った情報閲覧システムの強化である。データベースをWWWに連動させるシステムが続々と開発され、既存のグループウェア製品もインターネット／イントラネットとの相性の良さを売りものにするようになってきている。インターネットが企業の情報システム構築に大きな影響を与えようとしている。

図表 5-4　イントラネットで実現するグループウェア概念図

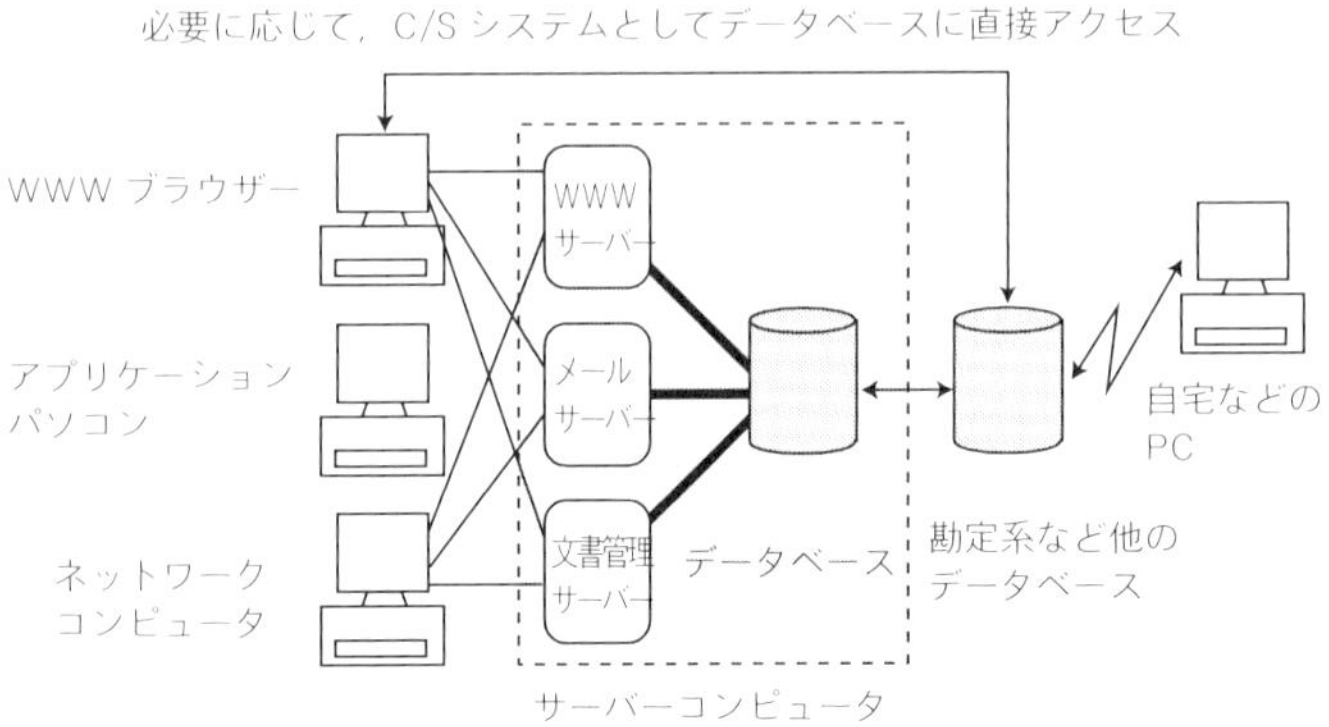

イントラネット(Intranet)は、いわば「内側のネットワーク」といった意味でWWWなどのインターネット技術を企業内や企業間での情報共有にも利用しようという概念である。イントラネット製品のベンダーであるアメリカ・オラクル(Oracle社 Marc Beniof f)上級副社長は「イントラネットによって、企業情報システムのパラダイム・シフトがおこりつつある」と発言した。すでにアメリカ企業の間では当たり前になりつつあるが、日本でも大手メーカー(例えば、コクヨ、花王、日立製作所)が製品情報や営業情報の共有のためにイントラネットを構築している。イントラネットは、既存の情報系システムをWWW等インターネットのシステムと有機的に統合する。それは、ユーザー企業にとって大きなメリットをもたらすとともに、コンピュータ業界の常識を変えてしまう可能性を秘めている。

ところで、既存の情報系システムは、主に売上げデータや在庫データなど定量的な情報の共有をはかることを目的としてきた。一方、ＷＷＷは、製品の特徴など定性的な情報を相互に関連づけて管理することを得意としてきた。このため既存の情報系システムとＷＷＷを統合することで、定量情報と定性情報とを有機的に統合した情報共有が可能になる。

また、ＨＴＭＬファイルの形でＷＷＷサーバーが保管していたＷＷＷコンテンツをデータベースに管理させることもできるため、ＷＷＷと既存の情報系システムを統合するメリットは計り知れない。情報共有に欠かせない電子メールや電子掲示板・電子会議など、メッセージング・システムをＷＷＷ環境に統合することも比較的容易になる。ＷＷＷによる情報共有の発信、既存の情報系システムとの統合、メッセージング・システムの利用だけでも、イントラネットはグループウェアとして利用できる環境となる。さらに、ベンダーが開発しているイントラネット製品には、ＨＴＭＬ文でないテキストの全文検索機能やワークフロー機能[15]等も利用できるようにするものもある。

15　稟議など複数の担当者により決まった手順で行われる業務をコンピュータ上で実現したシステムの総称を指す。

5―10　ＣＡＬＳの概念と定義

ＣＡＬＳは、アメリカ国防総省の武器調達に関する電子ネットワークシステムから発展した考え方で、製品の調達から、設計、製造、納入、運用、廃棄といったライフサイクル全体において、統合データベースとネットワークを利用することにより、開発、製造期間の短縮、生産コストの削減、品質の向上などを実現しようとするものである。ＣＡＬＳの概念と定義が、なぜ拡大されているかを知ることは、その本質を知る上で多くの示唆を与えてくれる。

①**Computer Aided Logistic Support**（ロジスティックコンピュータ支援）

CALSはその起源をたどれば、アメリカ国防省の兵站《へいたん》（ロジスティックス、部品・資材の後方補給）における組織内標準であったものである。一九八五年九月二五日、国防省内においてCALSは、Computer Aided Logistic Supportとして正式にスタートしている。すなわち、ロジスティックやメンテナンスといった、軍隊における後方支援活動をコンピュータにより効率的に行うために設定された規定である。なお、その概念が、後方補給だけでなく資材調達にまで適用されるようになるにつれ、その活動の領域を正確に記述するため、一九八八年にはAcquisition（調達）が加えられ、Computer-Aided Acquisition and Logistic Supportに変えられた。

②**Continuous Acquisition and Life-cycle Support**（継続的な調達と製品ライフサイクルの支援）

CALSに資材調達業務が加えられ、国防総省への納入業者としての防衛産業に準拠することが義務づけられたことにより、CALSは民間へも浸透してゆく。それは徐々に複雑な機器、部品構成の多い製品、すなわち、航空・宇宙産業などの複雑な調達・部品補給・メンテナンス業務にも広がるようになる。部品点数も多く、調達もロジスティックもメンテナンスも複雑なことは、軍事関連機器に類似しており、そのような領域でのCALSの有効性が実証されてきたからである。

このCALSの有効性にいち早く着目したのが防衛産業である。CALSにおいて最初に有利なポジションを確立すれば、自社で蓄積した経験をベースにシステム開発、コンサルティングに参入することが可能である。その一方でアメリカの防衛産業は、冷戦の終結とともに一九九一年をピークに縮小し続けている。国防費も年間五％程度ずつ減少し続け、これに伴い防衛産業の売上高も毎年三％から五％近く減少している。

ＣＡＬＳをうまく使い、より広く産業全般に拡大することができれば、斜陽産業復活の切り札となりうる。それには、ＣＡＬＳが国防総省関連の調達標準ではなく、一般企業にも効果のあることを謳う必要があった。そのために、一九九三年、防衛産業協会が主導して概念を拡大し、リエンジニアリングの要素を盛り込んだのがContinuous Acquisition and Life-cycle Supportという新しい解釈だったのである。

ここでは、設計・製造などの技術関連の業務プロセス全般をネットワークで接続し、電子データ交換を実現する。各プロセスがネットワークで繋がることにより、営業と製造は密接な関係のもとで業務を遂行することができるようになる。ネットワークにより、各部門を超えた、統合データベースを構築することも可能だ。そして、さまざまなデータを共有しながら業務を遂行することによって、無駄の排除、意思決定の迅速化、業務の高度化が実現される。ＣＡＬＳによってデータの標準化を進め、業務のコンピュータ化、ネットワーク化を進めることにより、また同時に、それらの情報システムを最大限活用したビジネス・プロセス・リエンジニアリングを行うことにより、大幅な効率化が一般企業でも可能になる。それらは決して、防衛産業・軍需産業だけでないことを強調し、その活動を産業全体に広める必要があるという啓蒙・普及活動を始めたのである。このような動きを、国防総省は積極的に後押ししている。

③**Commerce at Light Speed**（光速による電子商取引）

ＥＤＩ（Electronic Data Interchange；電子データ交換）はＣＡＬＳ以前から行われていたものである。このＥＤＩは、受発注などにおける帳票類の交換を世界各国で積極的に行っていた。これがＣＡＬＳと合体することにより、一躍脚光を浴び、「電子データ交換」の推進活動が加速したのは、クリントン政権の政策によるところが大きい。

ＮＩＩ構想と並行してクリントン・ゴアは、社会全体の電子商取引化（Electronic Commerce）を積極的に推進している。ＮＩＩ（National Information Infrastructure）構想は決してハード先行ではない。ＣＡＬＳもＥＤＩも、取り扱うデータはＣＡＬＳは技術系、ＥＤＩは一般商取引という違いはあるものの、どちらも電子的にデータ交換を行おうとするものである。情報インフラを共有できること、標準化活動が同時に行えて相乗効果をもちやすいこと、最終目的が同じ（企業内・企業外のシステム化による合理化）であること等から、さまざまな局面で同時に行うことのメリットはきわめて大きいものとなる。このＣＡＬＳとＥＤＩの両者が合体することにより、企業内外のデータ交換の電子化は大きく進むことになり、それに伴って期待できる派生効果は大きい。クリントン政権のねらう電子商取引は、もちろん企業間データベースを企業間ネットワークで統合することによる各企業の統合やさらにその延長線上として各企業が工程の機能のみを受け持ちネットワーク全体

図表5-5　CALSの概念拡大

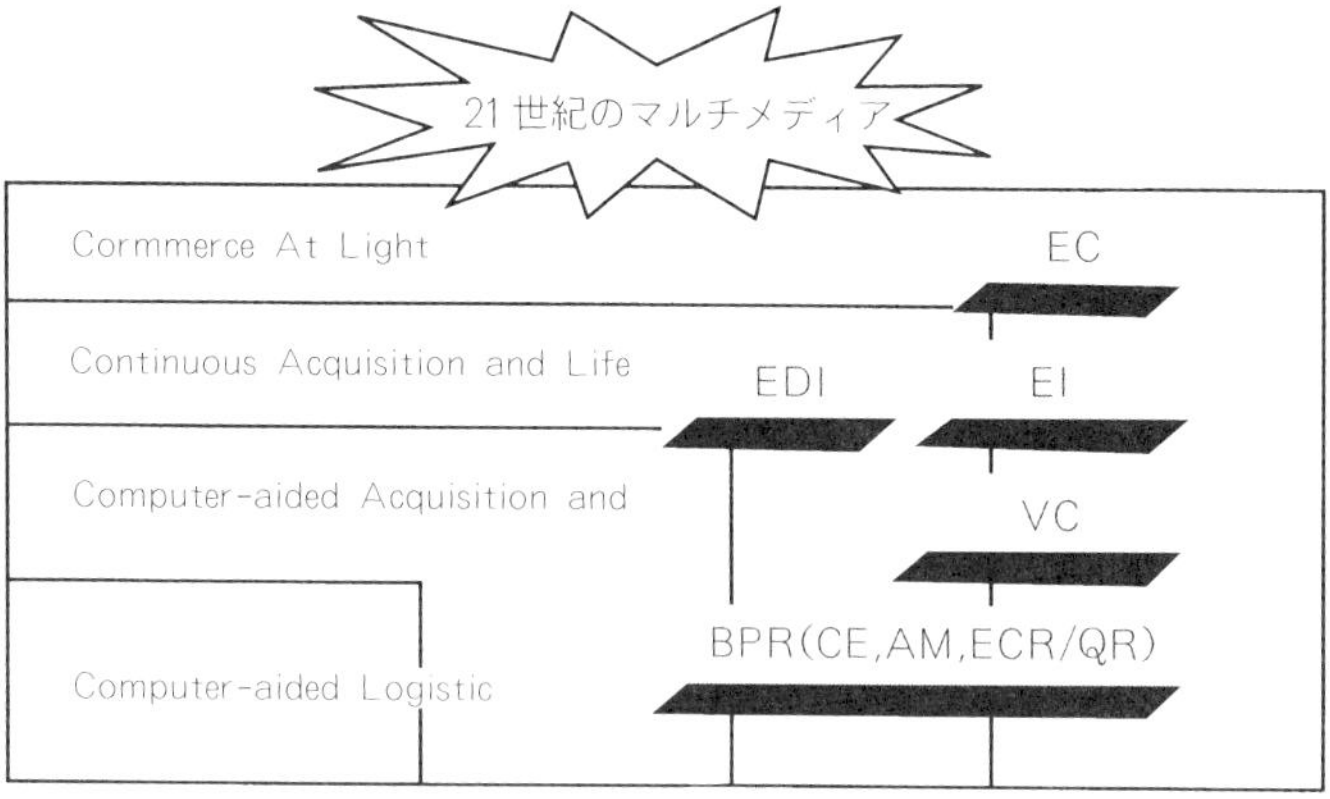

EDI(電子データ交換), BPI(リエンジニアリング), EC(電子商取引), CE(コンカレント・エンジニアリング), AM(迅速生産), ECR(製販統合), QR(クイック・リスポンス), VC(仮想企業), EI(企業統合)

として一つの企業活動を実行するバーチャル・コーポレーションが実現されるようになる。

このような情勢の中で、CALSに関する政府の公式な活動は、国防総省から商務省および商務省管轄のNIST(National Institute of Standards and Technologies；標準技術局)に移り、CALSとEDIを統合した形態で標準化作業が進められている。このような変化を背景に、生い立ちが国防総省であることからくるCALSは、国防総省の技術関連であるというイメージから離れることが必要になった。Continuous Acquisition and Life-cycle Supportという当て語も都合が悪い。技術系の臭いが強すぎ、一般商取引が含まれているという内容にそぐわなくなった。そこで、一九九四年後半頃からCommerce at Light Speedという当て語が用いられるようになったという経緯がある。

5―11　日本版CALSの方向性

わが国において、CALSは企業の業務活動を革新的に効率化することから、二一世紀の製造業の原型になるものとみなされており、普及活動が進められている。日本では、通産省の研究組合「CALS技術研究組合」、産業界の任意団体「CALS推進協議会」が一九九五年五月に設立され、本格的な調査、開発、普及活動が始まった。ここでは、CALSとは何かという観点より暫く考察したい。その際、第一に、CALSの本質についてその特徴を明らかにする。第二にCALSが企業活動に与えるインパクトについて考え、今後の展開や課題について纏めておく。

①デジタル化

CALSでは、すべてのデータはデジタルで電子化することが基本になっている。対象とするデータは、文字などのテキストばかりでなく、図やイメージなど、すべての情報を含む。電子化によってデータ作成は一回で済ませ、従来の紙ベースから脱却して、保管作業の効率化が行えるという利点がある。さらに、今後展開される電子メディアへの収容や、マルチメディアへの処理が容易に実現できる。

②データの統合と共有化

現在使われているEDI、CADなどの電子データは、システムや機種によってインターフェイスなどの規格が統一されていないので、必ずしも自由に交換できないという欠点があった。そこで作成されたすべてのデジタルデータを交換したり、通信するときのフォーマットやプロトコル、データの処理方法などの共通インターフェイスの規格を統一することが必要になる。CALSのめざすところは、データを必要とする部門間で自由に交換し、蓄積し、利用できるようにデータの共有システムを構築することである。

③コンカレントエンジニアリング

コンカレントエンジニアリング(Concurrent Engineering)は、「製品、及びそれに関わる製造やサポートを含んだ行程に対して、統合されたコンカレントな設計を行おうとするシステマティックなアプローチである」と定義できる。このアプローチは、品質、コスト、スケジュール、ユーザーの要求を含み、概念から廃棄に至るまでの製品のライフサイクルのすべての要素を、開発者に最初から考慮させるように意図されたものである。具体的に述べれば、これまで一つ一つのプロセスを逐次的な方法で処理していたものを同時に、かつ並行に進め、共同で作業したり、共同で作業する方法であるといえる。この手法は、テクノロジー開発、技術設計、製品試作、調達、製品サポートなど、製品のすべてのライフサイクルにわたって適応する総合的なプロセスである。

④情報インフラの活用

CALSを実施する上では、作成されたデータを迅速に提供する基盤が必要となる。そのためには、地理的制約、経済コスト、時間の差異を感じさせないようなフレキシビリティーをもった通信ネットワークシステムが、是非とも必要になる。これによってCALSの基盤を創り上げ、グローバルな展開で活用できるようになるわけである。

NII（National Information Infrastructure：全米情報基盤）やG7で話題になったGII（Global Information Infrastructure：全世界情報基盤）の構想は、世界規模のCALSを実現し、世界規模の企業を統合するためのインフラになるといえよう。各企業は、これらに繋がる情報データベースを共有財産として利用できる反面、企業内情報の外部への流出というデメリットにも対処しなければならなくなる。この二つの相反する事象をうまく運用しながら、自らの企業変革に取り組まなくてはならなくなることを看過してはならない。

「企業が保有するすべての情報をデジタル化して統合管理し、世界中の企業間で自由に情報交換する」という広大な構想は、これまでのような情報システムのブームとして受け入れるのではなく、わが国産業界の「発想の転換を迫る運動」であると考えるべきである。従来の発想から成り立つ企業システムの革新をもたらす契機を提供するのが、CALSの効果である。

例えば、円高進行とともに日本企業にかつてない行動様式を取らせている現象に「系列取引の崩壊」が指摘されている。戦後の日本産業は、旧財閥系あるいは戦後発展した新興大手企業グループが、それぞれの「系列組織」を構築してきた。中心となる親会社の下に有力部品メーカー、さらに二次、三次の下請け企業を傘下におさめるピラミッド型の産業構造が、長期安定取引を前提とした共同開発作業や安価な部品調達を可能とし、日本製品の国際競争力を支えてきた。しかしながら、国

図表5-6　CALSの概念図

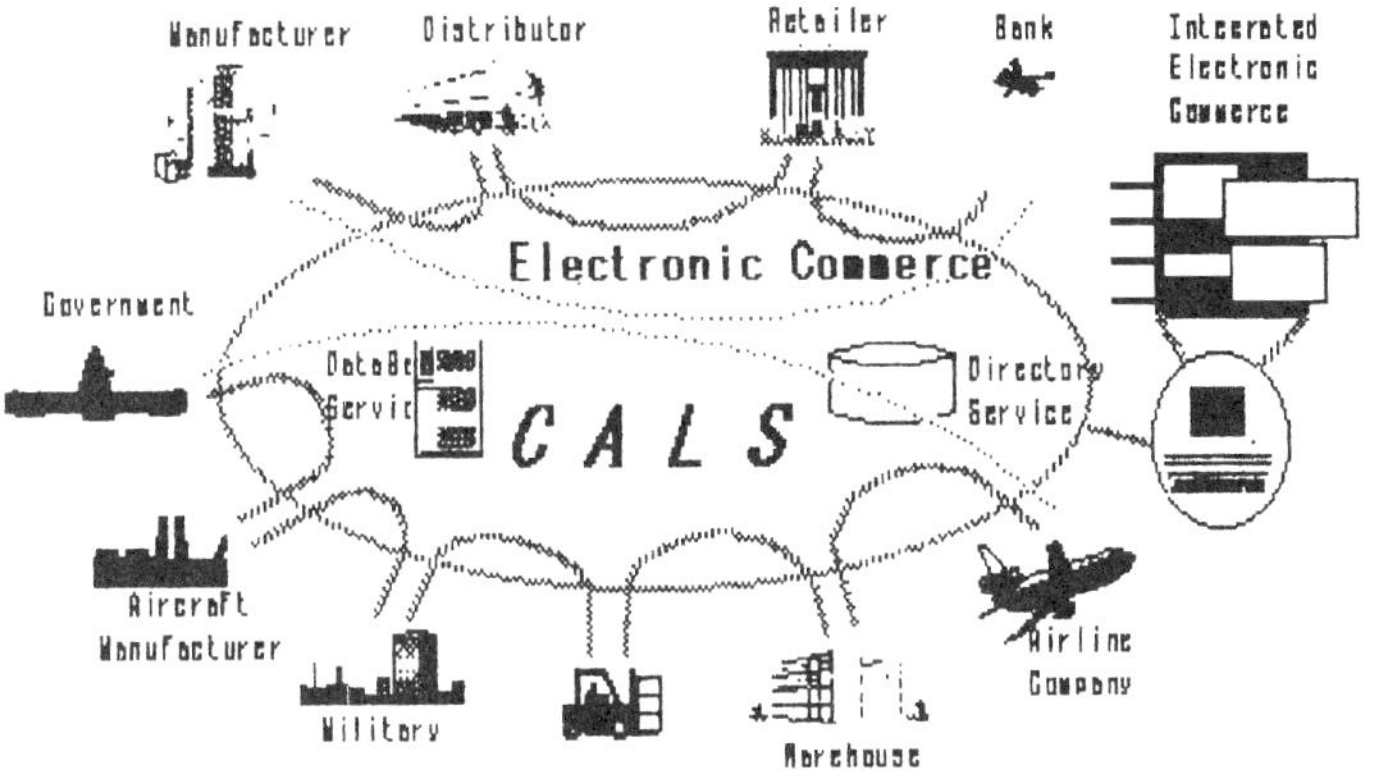

出所：日本IBM社のホームページを参照

際環境の変動とともに親会社が下請け会社との取引を中止し直接海外から購入したり、海外現地生産に切り替える企業が続発した。資本の結びつきから血縁関係で長期で安定した取引をしていた中小企業は、まさに親会社からの独立を迫られている。このような企業環境の下、ＣＡＬＳを中核に据えた企業システムの構築が、わが国産業の課題として登場し、注目を集めている。このＣＡＬＳの概念では、そのネットワークは世界中の企業に張り巡らされて設計図などの製品情報だけでなく、価格をはじめとする取引の契約情報、さらにメンテナンスに必要な技術情報まですべてオンラインで提供される。ＣＡＬＳネットワークに接続すれば、世界中の企業からあらゆる部品や部材の仕様を瞬時に入手し、しかもオンライン上の契約から決済処理までが可能になる。海外からの調達を拡大している日本企業にとっては、まさに便利で必要不可欠なシステムであるといえよう。

さらに、企業組織内でのホワイトカラーの生産性向上にもＣＡＬＳが果たす役割が重要になってきた。ホワイトカラーの情報装備と企業間情報システムの進展により、ホワイトカラーはより生産性の高い知的な労働にシフトすることになろう。一九四六年コンピュータが登場して半世紀を経過したのだが、ホワイトカラーの事務処理には、長い間、電卓を超える有力なツールは登場しなかったといっても過言ではない。コンピュータ・ネットワークの技術が広範なデータベースの活用とコミュニケーションを可能にし、ホワイトカラーは企画業務に本格的なツール（道具）を手にすることができた。インターネット、ＣＡＬＳの実現により、会議の開催、関係者への資料の配付など情報の共有化のためだけに費やす作業、時間は大幅に短縮されて、ホワイトカラーの本来行うべき商品企画、製品設計、戦略策定といった実質的な業務に集中することができる。しかもＣＡＬＳが実現するオフィス環境は、時間空間の制約を克服するので生産性が大幅に向上する。

一方、すばやい意思決定と方向転換が求められるので、従来の階層型組織ではなく、その対極にある「フラット組織」への転換が必要となる。このフラットな組織では、情報を経営責任者に集めるのではなく、市場や経営に関する情報を全社で共有、権限の委譲によって社内の各部門で市場に対応するための意思決定が行われる。このような企業組織を実現するツールとして電子メールやＷＷＷブラウザーの利用が進んでいる。このことは、他方でホワイトカラーには過酷な労働環境を意味するかもしれない。彼らには、情報から何を読みとり、適切な意思決定を行い、どのように行動するかということが求められることになる。

ＣＡＬＳによる情報システムのネットワークが組織の壁を崩すということは、当然、企業内の部門の壁だけでなく、企業間の壁、垣根を崩すことになる。これは、サイバースペースという空間に時間と距離を超えたバーチャル企業（Virtual Enterprise）が出現することを意味する。情報システムネットワークが進展すれば、ＣＡＬＳのような産業情報ネットワークのサイバースペース上に、今後こうしたバーチャル・コーポレーションを展開して、自らは得意とする分野に経営資源を集中投入して、他方外部資源を最大限利用し厳しい競争を戦おうという企業連携の流れが本格化しよう。

5―12　情報技術の革新がもたらす社会的影響

これまでみてきたように、情報技術革新は、情報の非対称性そのものを完全に消滅させることはないものの、情報流通コストを劇的に引き下げ、情報分布の偏りを従来よりも小さくすることは間違いない。その意味で分権的な意思決定を特徴とする市場メカニズムが、従来に比べて機能しやすい環境を生み出すであろう。現在の日本において、これまでは、質量とも多くの情報が偏って分布する地位に形づくられていた情報占有型の官僚機構や金融システムに限界と綻びがみられているのはその証左であろう。情報は、広く共有されることで価値を高める共有型の性質をもち、いったん公開されると価値を失うが独占することで経済価値を生み社会的権威を生み出す占有型の性質をもっている。どちらの性質が強く現れるかは、経済が市場メカニズム型の環境かそれとも管理統制型の環境かによって変わる。

まず、金融市場が未発達で間接金融が中心であった資金不足の時代に形成された、日本のメインバンク制度を中心とした金融システムを考察したい。もともと企業に関する情報は、その企業内部に満ちており、他社との間に非対称性が存在する。こうした企業情報の非対称性に加え、企業の情報開示が不十分な体制では、メインバンクのみに情報が集中するという二次的な情報の非対称性が生まれる。企業情報の偏在が銀行の審査力を介した情報生産機能を補強し、モニタリングなどのエージェンシーコストを節約することで、メインバンクの存在価値を著しく高めた。しかしながら、直接金融の発達と資金余剰の続く環境の活動下で、メインバンクの依存度が低下し、取引企業の情報を十分に把握できなくなったために、民間銀行の情報生産機能は低下した。それに代わって、現在では、市場参加者に広く情報を提供する調査会社や格付け機関の地位が向上している。

情報の独占ないし集中という二次的な非対称性がなくなりつつある中で、一気に進んだ一九八〇年代後半の貸出し競争は、バブル崩壊というかたちで日本経済に今日に至るまで長期の禍根を残すことになった。メインバンクの企業情報の把握力が低下しているにもかかわらず、その融資実行を適切な判断をせずに実施し、大量の不良債権としてしまった。このことは民間銀行間での認識にもいえることであり、情報の流れや分布が大きく変わった中で依然としてメインバンクの情報発信に頼ったという点で時代遅れであった。バブル経済崩壊で露呈した民間金融機関の深刻な状況は、情報を独占することの権威性を喪失した姿に他ならない。このような権威性のシフトは、流通分野などでも顕著にみられるように、その他の経済活動においても交渉力の変化[16]として現れている。

次に、情報技術革新が多様な媒体を生み出し、代替取引の可能性を高めたことで隘路が取り除かれるようになってきた。ラジオ放送、テレビ放送、新聞報道などいわゆるマスコミにしても、これまでは情報ツール（マスメディア）を有するものが、圧倒的な優位性をもっていた。経済性を享受できるまでのネットワークを構築することは安易なことではなかったからである。したがって、内容はともかく手段さえもっていれば十分な事業基盤が確保され、政府による規制のもと、営業そのものが保障されていた嫌いがある。しかしながら、放送の多チャンネル化時代を迎えて、これからの社会では、情報のコンテンツの優劣が圧倒的に重要で、媒体を有するものの権威性は大きく低下する。すなわち、情報流通が圧倒的に高まる社会では、情報の重要性は量より質に求められるようになる。

最後に、情報技術革新の影響は、さらに官と民の関係も変貌させてゆくであろう。これまでの社会では、官僚機構に象徴される全社会的規模でのネットワークを個人レベルで構築することは、全く不可能であった。したがって、例えば、所得の再配分などは主として国家財政など公的な権限に

16 国際価格構造研究所（1998）によると、コンピュータ・ネットワークを使った個別情報を発信している情報サイトが激増しているという。アメリカでヒットしたパソコンを日本で英語モデルのみで発売したところ、ユーザー集団がネットワーク上で日本語ソフトを作って無料で配布し、利用方法のサポートをも行い一気にヒット商品となったという事例があった。同じようなケースとして、国際的な文書システムで有名なLaTexの配賦とメンテナンスをユーザー間で行ったり、Linuxプログラムの日本語ディストリビューション改編やメンテナンスを無償または安価で行ったりしている。本来、販売チャネルが行うべき説明、奨励、説得という作業をユーザー同士が代行したり、売り手主導の情報伝達からユーザー主導あるいは顧客同士のインターアクティブな情報流通形態が生じている。

よって行われてきた。ところが、ネットワーク社会においては、非営利団体による所得の再分配が可能になる。これまでボランティアを通した募金活動は、部分的にはみられたが、それを大規模に展開することは全国的な組織網をもった機関しかできなかったし、使途の明確さを考慮すると、公共性の高い機関に対する信頼に依存するしかなかった。

しかしながら、情報技術革新によって外部取引コストが劇的に逓減すると、大規模な組織がなくともこうした活動ができるようになる。この場合、公正さを保障する仕組みは、徹底した情報公開によるしかない。寄付がどれだけ活動費用に使われ、実質的にどれだけの金額が誰に対して分配されたかを公認会計士などの第三者を通して客観的で公正に公表する必要がある。情報技術革新と情報公開は表裏一体の関係にあり、アカウンタビリティーの本質もここにある。

こうした社会では、官と民という分類が必ずしも公共と個人を意味しなくなり、従来は組織力と公共性を備えた国や自治体など官でしか行わなかったような公共的活動が、民においても可能になる。つまり、公共的活動に代替取引の可能性が出てきたということである。代替取引が生まれるということは選択肢の多様化を意味し、社会的に固定化された関係に起因する隘路が取り除かれ、これまでこれを基盤とする権威性が揺らぐ。そして、多様性と革新性を取り込みチャンスが広がる時代を迎えるということである。

一九九〇年代に戦後の最高潮を迎えて経済的な繁栄を謳歌した日本ではあったが、二一世紀には新たな試練に向かって前進しなければならない。新たな変革の時代を迎えて、企業も社会も今日の常識を覆すような理想と実行を果敢に続けてゆかなければならない。

5―13 情報技術革新と企業

情報技術と企業ネットワークの進展が、企業活動に大きな影響を及ぼしているということを述べたが、最後に本章の論点を纏めておきたい。

まず、新たな情報技術を用いた企業システムネットワークを構築することの必要性を論議してきた。そこで、インターネットの技術に注目してその内容について考察を試みた。情報ネットワークによって、外部資源の活用が経済的であるようなシフトが起こりつつある。さらに企業同士が結合することによって、単一企業では実現できなかったような新たな価値を生み出す潜在的可能性が生じてきた。それは、連結の経済性あるいはネットワークの経済性と呼ばれている。アウトソーシング、アライアンス、さらにバーチャル・コーポレーションなど現在話題になっている経営戦略は、このような価値の追求であるといってよい。

第二に、技術革新による経済社会現象は、われわれの意識と行動を刷新するものである。今日われわれが経験している情報技術の利用によるさまざまな変化は、経済事象の大変革といっても過言ではない。最新の情報技術を付加した機器の低価格化、利便性の向上による一般社会への普及が始まるのは、およそ一九九〇年代に入ってからである。一九九〇年代、アメリカ経済は、情報技術の革新と活用によって見違えるように復活した。このようなアメリカの姿は、ちょうど技術の非連続性と同じように、これまでのアメリカ経済の非連続的な発展を物語るものである。すなわち、非連続的な経済発展は、これまでの歴史においても技術体系のドラスティックなシフトによって引き起こされたことが確認できる。経済発展における技術革新の重要性をアメリカの復興から読みとることができよう。

第三に、情報技術によるビジネスプロセスの変革、すなわち、リエンジニアリングが今日の経営革新には大いに有効であるという主張である。従来の標準品の大量生産に適した経営を、一連の職務の集まりである業務プロセスを少人数で自立的な職能横断的チームによって遂行していくという、多品種少量に適した経営に変革することが競争戦略上、重要になってきた。このリエンジニアリングの企業変革も情報技術の活用が深く関わっていることが明らかにされた。

第四に、インターネットの技術を使った企業情報システムの方向性を提示し、その発展可能性を論じた。それらは、イントラネットの利用とCALSの構築と活用である。イントラネット(Intranet)は、いわば「企業内ネットワーク」といった意味でWWWなどのインターネット技術を企業内や企業間での情報共有にも利用しようという概念である。イントラネットによって、企業情報システムのパラダイム・シフトが起こりつつある。

第五に、CALSもEDIも、取り扱うデータはCALSの場合は技術系、EDIは一般商取引という違いはあるものの、どちらも電子的にデータ交換を行おうとするものである。情報インフラを共有できること、標準化活動が同時に行えて相乗効果をもちやすいこと、最終目的が同じ(企業内・企業外のシステム化による合理化）であること等からさまざまな局面で同時に行うことのメリットはきわめて大きいものとなる。このＣＡＬＳとＥＤＩの両者が合体することにより、企業内外のデータ交換の電子化は大きく進むことになり、それに伴って期待できる派生効果は大きい。電子商取引はもちろん企業間データベースを企業間ネットワークで統合することによる各企業の工程の統合やさらにその延長線上として各企業が特定の機能のみを受け持ち、ネットワーク全体として一つの企業活動を実行するバーチャル・コーポレーションを実現しようとするものである。日本のＣＡＬＳにおいては、産業界では発想の転換を迫る運動と受け取られている。従来の発想から成り立つ企業システムの革新をもたらす契機を提供するのが、ＣＡＬＳの効果である。今日、ＣＡＬＳの導入により、企業組織のフラット化、労働生産性の向上、企業取引の激変など、産業基盤と企業が立脚してきた経営基盤のパラダイムシフトが急速な勢いで起きていることを看過してはならない。

●参考文献

1 Abernathy, W. J.（1978）*The Productivity Dilemma*, Baltimore : Jhons Hopkins University Press.

2 Abernathy, W. J., Clark, K. B., & Kantrow, A. M.（1978）*Industrial Renaissance*, New York : Basic Books.

3 Atkinson, J.（1993）"Justifying Quality Initiative to Top Management", *Autofact '93 Proceeding*.

4 Bender, D.（1986）"Financial Impact of Information Processing", *Journal of MIS*, 6, pp. 232-238.

5 Borthick, A. F. & Roth, H. P.（1993）"Accounting for Time : Reengineering Business Process to

Improve Responsiveness", *Journal of Cost Management*, Fall, pp. 4-14.
6 Brynjolfsson, E., Malone, Tomas W., Gurbaxani, Vijay & Kambil, Ajit (1994) "Does Information Technology Lead to Smaller Firms?" *Management Science*, Vol. 40, No. 12.
7 ＣＡＬＳ推進協議会編（1995）『日本版ＣＡＬＳ—実践のためのガイドブック』オーム社。
8 Clemons, E. K., Reddi, S. P., & Row, M. C. (1993) "The Impact of Information Technology on the Economic Activity", *Journal of Management Information System*, pp. 9-35.
9 Cron, W. & Sobol, M. (1983) "The Relationship between Computerization and Performance: A Strategy for Maximizing Economic Benefits of Computerization", *Information and Management*, 6, pp. 171-181.
10 Curtis, C. C. (1994) "Nonfinancial Performance Measures in New Product Development", *Journal of Cost Management*, pp. 18-25.
11 Davenport, Thomas H. (1993) *Process Innovation: Reengineering Work through Information Technology*, Harvard Business School Press.（卜部正夫、伊東俊彦、杉野周、松島桂樹『プロセス・イノベーション』日経ＢＰ出版センター、一九九四年）
12 Delone, W. (1988) "Determinants of Success for Computer Usage in Small Business", *Management Information Systems Quarterly*, 12, pp. 51-61.
13 Emery, J. C. (1987) *Management Information Systems*.（宮川公男監訳『エグゼクティブのための経営情報システム』ＴＢＳブリタニカ、一九八九年）
14 古瀬幸広・廣瀬克哉（1996）『インターネットが世界を変える』岩波書店。
15 Hammer, M. & Champy, J. (1993) *Reengineering the Corporation*, New York: Harper Collins.（野中郁次郎監訳『リエンジニアリング革命』日本経済新聞社、一九九三年）

16 Hammer, M. (1993) "Reengineering Work : Don't Automate, Obliterate", *Harvard Business Review*, July-August, pp. 104-112.

17 Heagy, C. D. (1991) "Determining Optimal Quality Costs By Considering Cost of Lost Sales", *Journal of Cost Management*, pp. 64-72.

18 Horngren, C. T., Foster, G., & Datar, S. M. (1993) *Cost Accounting: Managerial Emphasis*, 8th ed., pp. 811-819.

19 Hutchinson, Sarah E., & Sawyer, Stacey C. (1996) *Computer and Information System*, Irwin.

20 石黒憲彦・奥田耕士(1995)『CALS――米国情報ネットワークの脅威』日刊工業新聞社。

21 Kaplan, R. S. & Norton, D. P. (1996) "Using the Balanced Scorecard as a Strategic Management System", *Harvard Business Review*, pp. 75-85.

22 Klein, Lawrence R. & Yuzo Kumasaka (1995)「生産性主導の経済成長に戻った米国経済」『ニッセイ基礎研究所調査月報』三月号。

23 Krol E. & Ferguson P. (1996) *The Whole Internet for Windows 95: User's Guide and Catalog*, O'Reilly & Associates, Inc.

24 公文俊平監修、日本マルチメディア・フォーラム編(1997)『第2世代インターネットの情報戦略』NTT出版。

25 Lucas, H. C. Jr. (1975) "Performance and the Use of an Information System", *Management Science*, 21, pp. 908-919.

26 中田実・小栗宏次(1994)「コミュニティ形成と情報化」『東海地方の情報と社会』名古屋大学出版会。

27 Malone, Yates & Benjamin (1987) "Electronic Market and Electronic Hierarchies", *Communications of ACM*.

28 松島桂樹（1994）「グローバル情報システムの新たな展開」『ＩＥレビュー』第三五巻第五号。
29 Mayer, O. & Post, R. C.（1981）*Yankee Enterprise.*（小林達也訳『大量生産の社会史』東洋経済新報社、一九八五年）
30 Milgrom, Paul & Roberts, John（1992）*Economics, Organization and Management*, Prentice-Hall.（奥野正寛・伊藤秀史・今井晴雄・西村理・八木甫訳『組織の経済学』ＮＴＴ出版、一九九七年）
31 森洋一（1997）『シリコンバレーからのメッセージ』オーム社。
32 宮澤健一（1978）『制度と情報の経済学』有斐閣。
33 日刊工業新聞特別取材班（1995）『日本のＣＡＬＳ——開発設計からエレクトロニック・コマースまで』日刊工業新聞社。
34 Parker, M. M. & Benson, R. J.（1988）*Information Economics.*（宇都宮、高木、金子訳『情報システム投資の経済学』日経ＢＰ社、一九九〇年）
35 Reich, R. B.（1991）*The Work of Nations.*（中谷巌訳『ワーク　オブ　ネーションズ』ダイヤモンド社、一九九一年）
36 櫻井通晴（1995）「オープン化時代のシステム化投資の評価」『専修経営学論集』第六一号、二七―五七頁。
37 篠崎彰彦（1999）『情報革命の構図』東洋経済新報社。
38 Shank, J. & Govindarajan, V.（1993）*Strategic Cost Management.*（種本廣之訳『戦略的コストマネジメント』日本経済新聞社、一九九五年）
39 島田達己・海老澤栄一編（1989）『戦略的情報システム―構築と展開』日科技連出版社。
40 Strassmann, P. A.（1990）*The Business Value of Computer*, Irwin.（末広千尋訳『コンピュータの経営価値』日経ＢＰ社、一九九四年）
41 末松千尋（1995）『ＣＡＬＳの世界―競争優位の最終兵器』ダイヤモンド社。

42 高田伸彦・喜多祥昭・横山岳・朝比奈泰彦（1997）『事例で学ぶイントラネット活用法』日本経済新聞社。

43 Troxler, J. W.（1994）"Estimating the Cost Impact of Flexible Manufacturing", *Journal of Cost Management*.

44 Turner, J.（1985）"Organizational Performance, Size and the Use Resources", New York University : Center for Research in Information Systems, *Working of Data Processing Paper*, 38.

45 梅沢豊（1994）「リエンジニアリングの本質と組織論的考察」『組織科学』第二八号、四―一〇頁。

46 Willcoks, L.（1996）"Introduction : beyond the IT Productivity Paradox", *Investing in Information Systems*, pp. 1-12.

47 Wiseman, C.（1988）*Strategic Information Systems*, R. D. Irwin.（土屋守章・辻新六訳『戦略的情報システム』ダイヤモンド社、一九八九年）

48 Wiseman, C.（1985）*Strategic And Computers*, New York : Dow Jones-Irwin, pp. 230-235.

第6章 情報技術投資に関する測定フレームワーク

6—1 情報技術投資と評価

インターネット(Internet)など、コンピュータ・ネットワークを核とする新しい情報システムの再構築に伴い、今日、情報システムの投資評価へのニーズが高まっている。[17] 日本オフィスオートメーション協会(1995)の調査によれば「投資対効果評価は必要」という回答が九〇・九%にもかかわらず、「評価手法は確立していない」が六〇・二%と、ニーズの高さに比して充足度は極めて低いといわざるをえない。[18] わが国において、コンピュータシステムの評価や監査は、システム導入に関

17 『日経マーケット・アクセス』が一九九八年一一月から一二月にかけて日本の大手企業三三〇〇社に対して行ったアンケート調査によると、国内主要企業におけるLANの構築率は九三・八%に達したことが明らかになった。従業員数が一〇〇人~五〇〇人未満の中堅企業でも構築率はこの一年で一〇ポイント以上上昇し、九割弱に達した。こういった状況を反映して、一九九九年度の企業のネットワーク関連予算ではLAN敷設などの「回線工事関連」は頭打ちになる。ただし、回線の契約や使用料などの「回線利用関連」やルーターやハブなどを導入する「通信機器関連」の予算は平均で前年度比一四%増となる見込み。社内業務のインフラとなったネットワーク関連への投資は不況下でも減額しにくい予算になっている。

18 東京証券市場上場ならびに店頭公開企業、約三〇〇〇社を対象としたアンケート調査。

わったメーカーやベンダーが実施して、依頼主の要望を踏まえた評価内容としているケースも多い。その内容の基準は、きわめて曖昧であり、たとえ第三者に委託したとしても現状は信頼性が低い。換言すれば、情報システムの投資評価は、測定基準がなかなか決められず、評価の方法・内容もさまざまであるということを示している。

今後の情報化投資額は、バブル経済崩壊後の深刻な経済不況にかかわらず、増加するであろうといわれる。実際、二一世紀を目前に控え西暦二〇〇〇年問題対策費など、緊急を要する出費は増加の傾向をたどっている。日本経済新聞社の調査によると[19]、西暦二〇〇〇年問題対応の情報システムをもともと構築していた企業は全体の一五・五%であり、六四・六%は既存のシステムの手直しで対応し、七・七%は全面的に入れ替えるという調査結果であった。西暦二〇〇〇年問題対策のための経費は一社平均一億五〇〇〇万円を出資するというアンケート調査結果であった。西暦二〇〇〇年問題は、企業経営上、避けては通れない問題であり、真剣に対応しなければならない緊急課題である[20]。

以上のような観点から、情報システムの変容における従来の評価手法の諸問題を考察する。さらに、情報化投資を評価する枠組みと効果の分類を検討し、情報化投資の評価に関する諸問題を明ら

19 「日経情報ストラテジー」一九九八年二月号、八―四七頁、調査対象：全国上場企業や生命保険会社などそれらに準じる有力企業三〇〇〇社。調査方法：郵送によるアンケート、調査期間：一九九七年一〇月から一一月まで、回収率：二〇・四%（六一二社）。

20 わが国企業や官公庁について、西暦二〇〇〇年問題の現状と課題（大塚 1998）をまとめているので、参照されたい。

かにしたい。

6―2 情報システムの議論と問題提起

これまで実証的な研究の中で、いくつかの情報化投資効果分析の枠組み（フレームワーク）が提案されてきた。その中でいくつかの主要な主張を列挙してみたい。

ルーカス（Lucas, Jrr. H. C.）は、情報化の便宜性を、生産性の向上がリスクの削減につながり、最終的には革新的利用をもたらすという連続的な効果を明らかにした。島田達巳（1989）は、情報化の効果を測定する項目として生産性向上、収益性向上、サービス向上、品質向上、費用削減、そして企業能力（Core Competence）向上のような大項目で示している。また、カプラン＆ノートン（Kaplan, R. S. & Norton, D. P. 1996）は、効果を概念的な組織階層に対応させて分類する枠組みを提案している。

一九八〇年代後半より、情報システムの戦略的活用をめざした戦略的情報システム（Strategic Information Systems）が多くの企業で構築され、情報システムの変容に少なからぬ影響を与えた。シノット（Synnott, W. R. 1987）は運営支援システム、経営支援システムに続く第三世代の顧客支援システムを戦略的情報システムと位置づけたが、従来の効果が作業工数や材料費の削減や管理者への情報提供による改善の促進であったのに対して、戦略的情報システムは顧客自身がそれを価値ある製品・サービスとして認識することによる競争優位の獲得に効果的である点では特徴的であった。

パーカー&ベンソン(Parker, M. M. & Benson, R. J. 1988)は情報システムの多様な効果を価値と言い換え、価値は「競争相手に対する優位性に基づいており、現在そして将来の事業成績に反映する」と述べている。他方、ストラスマン(Strassmann, A. P. 1990)は「企業の利益率と情報化投資に相関関係が全く存在しない」と結論づけ、情報化だけで価値が生まれるのではなく、経営管理的な価値が創造されたかどうかが重要なのだと主張した。この主張は、投資対効果の従来の主張を一蹴するものでさまざまな物議を醸しだしたが、その分析フレームワークと測定手法の単純化による即断的な誤謬も認められる。

戦略的情報システムの登場によって、情報システムは量的、質的に大きく発展したにもかかわらず、投資評価の困難性はますます増大していったのが実際である。情報システムは部門間統合からEDI(Electronic Data Interchange)やCALS(Commerce at Light Speed)などへの企業間統合へと、統合化の度合いを深めていった。佐藤、野口(1994)の主張のように、組織間での情報化投資の効果に対する認識が大きく異なることが統合化への阻害要因になっていると指摘されるなど、ここでも投資評価の重要性が高まっている。

コンピュータ利用の潮流は、汎用コンピュータ主体の利用形態から、分散化された数多くのパソコンを活用するクライアント・サーバー・コンピューティングやインターネット/イントラネットなどによるネットワーク中心の情報システムへ大きく変わりつつある。そこでは機種やソフトウェア環境に依存しないオープン志向とエンドユーザー中心の利用が特徴となっている。櫻井(1991)は、このようなオープン志向の情報システム評価の基礎的評価条件として、投資によって得られる戦略的効果の測定、ユーザーの利用方法による効果の変化、業務改善効果の測定の三点をあげている。従来の情報システムでは、利用者は決められた適用業務に基づいて情報を入手していたのに対し、ネットワーク中心の情報システムでは、利用者自身が適用業務を選択し、必要な情報を得る。したがって、その特徴として必然的に用途が特定されないインフラ的投資の比率が多くなるであろう。

松島桂樹(1994)は、プロセス志向の投資意思決定法を主張している。投資評価手法は提案者と意思決定者間の効果的な合意形成と合理的な意思決定を支援する道筋を提起すべきである。効果的な意思決定への有用な情報を提供するために、事前評価から業績評価までを一貫的なプロセスとして捉える必要があるという。これらの主要な主張と内容については、後に詳細に考究したい。さらに、情報システムにおける生産性という概念の捉え方や見えない投資効果(Intangible IT Benefit)の分析フレームワークを本論において提案する。このような観点から、情報化投資を評価する枠組みと評価の分類を検討し、情報化投資に纏わる諸問題を検討する。

6―3　実証研究サーベイ

従来の評価アプローチは精緻な定量化モデリング手法と総合的評価手法に大別される。まず、定量化モデリングによる主な実証研究の結果について暫く考察したい。

ターナー(Turner, J. 1985)の研究では、組織成果とデータ・プロセッシング費用の相対的な比率との間には関連性がないと報告している。また、ルーカス（Lucas 1975）は銀行の支店一六五行に関して調査を行ったが、研究結果は情報システムの使用は業績に関する変数をほとんど説明しえないというものであった。

一方、ベンダー（Bender, D. 1986）は、保険業において情報プロセッシング投資には最適水準があったと主張している。彼の研究では、ソフトウェアや情報システム関連人件費などのような情報投資は財務成果との明確な関連性はないとしながらも、情報プロセッシング全投資額は財務成果に影響を及ぼす主要な指標であると結論づけている。クロン＆ソボル（Cron, W. & Sobol, M. 1983）は倉庫業を対象とした研究からコンピュータの過度の使用は、企業の財務成果を極端に高くしたり、逆に低下させたりすることを発見した。このことは、すなわち、コンピュータ使用の最適条件が存在することを実証し、戦略ポジショニングの重要性を示唆する嚆矢の研究として興味深い発見である。

情報技術と情報統括担当役員に関する研究として、九三社の小規模製造業を対象としたデロン（Delone, W. 1988）の研究がある。この研究は、情報技術投資の実現には役員の関与が潜在的なインパクトとして重要であることを明らかにしている。また、ベイル（Weill, P. D. 1988）の製造業を対象とした研究では、初期の段階での戦略的なＩＴ導入は成功をもたらすが、いったんＩＴが陳腐化した場合には、情報技術を用いた経営における優位性を失ってしまうことを発見した。デービス（Davis, G. B. 1987）によると、情報の価値は、情報が組織の成果に与える影響度から計算することができ、費用の削減とか利益の増加のように、眼に見える金銭的なかたちに換算して表現できるとし、可能な限り財務的な効果を算定するため、精緻なモデリングを試みている。例えば、在庫管理の精度向上による在庫減少は、同じ在庫切れ率を維持するために必要となる商品在庫金額の節約として算定でき、その結果として納期短縮は、同じ納期で納入するための特急料金や手配費用の節約として算定できる。

他方、わが国における主要な実証研究として、犬塚(1992)[21]の戦略的情報システムの構築状況と企業の財務分析との関係を明らかにした研究があげられる。この研究における最大の発見は、業種ならびに規模による影響を取り除く前では、戦略的情報システムの構築と財務成果との間には有意な正の関係はなかったのに対して、業種ならびに規模による影響を取り除いた後では、SISの構築と財務成果との間には有意な正の関係が存在したことである。「業種別」に情報化の進展度をみてみると、競争の原理が大きく働くような第二次、第三次産業に属する業種は、「情報化の進展度」が高い。通信などの情報関連分野、精密機械、電気、通信など技術水準が高くて競争が激しい分野では、競争に打ち勝つために積極的な情報化が進むことが実証された。さらに、犬塚(1992)の研究のポイントをみてみると、企業が属する業種によって総資本利益率、自己資本利益率ないし売上高成長率の平均値は異なっているという。したがって、異業種間で戦略的情報システムの構築状況と財務成果との関係をみるよりは、それぞれの業種内での相対的な値によって両者の関係をみるほう

21　東京証券取引所一部・二部上場企業三一三社を対象に、七年間(一九八三―八九)の企業財務データと戦略的情報システムの構築状況の違いによる関係を調査した実証研究である。

がより妥当である。また、「企業の規模」によって、情報システムの投資額は当然のことながら異なる。したがって、戦略的情報システムの構築状況と財務成果との関係をみる場合には、規模が同一の企業群を比較するほうがより妥当である。この研究の結果、戦略的情報システムの構築と財務成果との関係は、「同一業種」で「同一規模」の企業を比べた場合、戦略的情報システムを構築している企業のほうが、そうでない企業よりも高い財務成果をあげていることが発見された。

わが国においては、財務的な指標をもって情報システムの効果をはかることはなじまないという経営者が多い。今後、日本企業の国際競争力をさらに重視してゆくような現状では、利益や財務的裏付けに基づく客観的な評価のための指標が必要になるであろう。ビジネスを客観的な指標でチェックし、財務成果と情報投資との関係を考慮してゆく経営思考が今こそ必要不可欠となっている。深刻な景気後退を経験しているわが国経済で減量経営とかリストラが叫ばれているようなそういう中で、このような研究がさらに積み重ねられてゆくことが望ましい。

情報化投資を評価する視点には、一方では産業組織論あるいはマクロ経済レベルでの測定に関わる一連の研究がある。他方で、今までみてきたようなもっとミクロなレベル、すなわち個別の情報システムに関する費用対効果を測定するアプローチがある。上述したようにストラスマン(Strassmann 1993)は、ROM(Return on Management)の概念を用いて、今日の企業経営にとって最大の希少価値は資本ではなく、管理能力であり、企業がもたらす付加価値はその管理能力に帰すと主張する。[22] しかしながら、この方法は、企業の付加価値をすべて管理能力に帰するのには無理があり、その測定が難しいという限界がある。また、システム導入後の事後的な評価でしか効果を知ることができない等の問題点があり広く使われているとは言い難い。

ストラスマンのような研究では、業種や企業規模の特殊な要因を捨象して経済全体での情報化投資の効果と費用を分析するので経済全体の動向は理解できても個別企業の効果や意思決定には何ら貢献しないであろう。逆に、その欠点を補った犬塚(1992)のような研究は、少なくとも業界レベルでの効果の優劣が明らかにされているという特徴がある。また、佐藤修(1996)が主張するように、費用と効果の測定において誤差要因が分離できない故に、実現された効果が情報化投資によるものなのか産業全般における企業経営努力の成果なのか、あるいは特定の業界における国の政策の影響によるものなのか区別が難しいという場合もある。

むしろ企業経営者にとって興味があるのは社内あるいは特定組織内の情報化投資である。これを評価する方法は、個別企業の評価システムで運用され統一的なフレームワークをもたない場合も多い。普通は、同業他社の成功・失敗例を参考にして、自社のシステム投資を決定する。しかしながら、同じ業種であっても、企業が違うと営業基盤、経営状況、企業文化、意思決定の方法が著しく異なり、同じ情報システムを導入したとしても、その効果が異なる場合もある。他社の情報システムを参考としても自社がその通りになるとは限らないのである。また、一度確立された優れたシス

22 彼は、PIMS(Profit Impact of Market Strategies)データベースにある企業の財務データから計算される情報化投資と各種成果指標との相関関係を実証分析し、情報化投資は伝統的な財務成果指標と無関係であると主張する。

テムも競争とともに陳腐化したり、時代遅れになったりする。要するに、やはり独自の情報システムをいち早く構築して、先行者利益を獲得するとか、他社にないサービスで競争優位を確立するしかないのである。

6—4 インフォメーション・エコノミックス評価技法

情報化投資の価値すなわち効果を分類する枠組みにインフォメーション・エコノミックス（information economics）がある。パーカー＆ベンソン（Parker, M. M. & Benson, R. J. 1988）はこれまでの費用対効果によっては評価できない情報システム投資の価値を評価しつつも新たな指標の提案を行った。それを佐藤修（1996）の主張を参考にして整理すると以下のような分類になる。

①価値概念の基準——評価基準としての価値概念を導入し、事業成績に基づいて価値を捉える。費用対利益分析で用いられている従来の技法は、価値すべてに適用できるわけではない。そのまま適用すれば、資源配分結果に悪い影響を与えるであろう。これは、予算配分を決める年間計画の作成過程がかかえる最大の問題である。予算作成では伝統的な費用対利益分析や投資利益率に依存する傾向が強い。しかしながら、伝統的な方法では、競争上の対応やシステム基盤の価値を的確に捉えることが難しい。

②費用概念の拡張——情報システムが組織全体に与える変化を包容するように費用概念を拡張し、リスクと不確実性を吟味する枠組みを提供する。伝統的な費用対利益分析は、情報システムの

費用削減効果や費用回避効果を評価するのに役立つ。費用とは製品を得るために必要な資源の量であり、金額で定量的に表せる。利益は費用の節減、将来発生するかもしれない費用の回避、売り上げの創出などの形を取るが、明確に把握できない場合もある。費用の節減、費用の回避が利益だということである。他方、曖昧でとらえどころのない価値であればあるほど評価もそれだけ困難になる。把握が困難な価値としては、経営上の意思決定を有効にするような情報や資産の有効活用などがあげられる。これらの費用・価値の概念を評価できるフレームワークが必要となる。

③事業および技術両面からの価値と費用の評価——情報システム投資の採算性は、対象としての事業部門の尺度で測定する価値と割り当てられた費用との比較で決まる。その実現可能性は、情報システム部門からみた技術の価値とサービスの提供に必要な技術の利用費用との比較の問題になる。ストラスマン(Strassmann 1985)の研究によると、情報システム関連費用が多いからといって高い投資効果が得られるわけではない。さらに情報システムの成績の悪さ——低い生産性——がコスト面の競争力の低さを生む一因であると指摘している。このことは、企業の危機的な状況を示している。コンピュータ部門は技術担当のマネジャーによって管理されることが多く、情報システム投資と事業成績の向上との関係が曖昧になりやすい。インフォメーション・エコノミックスが確立しようとしているところはまさにこのところである。

インフォメーション・エコノミックスでの重要性は、伝統的な投資利益率では分析できない情報システム投資の戦略的な価値とリスクを重視している点である。彼らは、金額換算できる伝統的な費用対利益分析の結果に価値連結効果、価値加速効果、価値再編成効果、イノベーション効果等の定量化できる価値を加算して定量的評価尺度である単純投資利益率、すなわち、投資利益率価値を算出し、これにその他の事業面での評価要素である戦略支援価値、競争優位価値、経営管理情報価値、競争対応価値を加えて組織関連リスクを差し引く。また、技術面での評価要素である戦略的システム基盤価値を加重して加算し、三つのリスク評価用組織を差し引いて最終的な投資プロジェクトの評点を算出する。インフォメーション・エコノミックスの価値分類は、情報システム投資の戦略的側面を重視している点で注目すべき分類枠組みである。この分類枠組みは効果の源泉で価値を捉えているところに特徴がある。それはさらに直感的にわかりやすい側面をもっている。しかしながら、効果の二重計上の可能性や未実現価値の参入の可能性を含んでおり、さらに主観的な評価に依存しすぎるという問題点を含んでいる。

6―5　システム投資決定のフレームワーク

企業の長期的発展の基盤として情報技術を利用しようと考えるならば、企業経営者は企業が直面している企業環境がいかなるものであるかを把握しなければならない。企業組織内の資源の効率的な運用をめざした情報技術の利用は、企業戦略あるいは経営戦略的な観点より実施されなければならない。そうしなければ、情報システム構築と企業目標とがマッチせず、効率的なシステム投資とはならないであろう。

さて、ユーザーから提出された投資案件は、全社的な経営戦略に基づいて全体的な視点からの最適配分として考えるべきである。投資案件は、その発生から始まる一連のライフサイクルをもっている。却下される投資案件は、ライフサイクルの途中で終わるが、実施された投資案件は、開発、運用、そして事後評価まで一連のライフサイクルをもつことになる。情報化投資を包括的に実施しようとする場合には、このような投資決定の手順あるいはライフサイクルを最初に検討しておく必要がある。

情報化投資決定をする場合、まず情報化投資総額を明らかにする。通常、投資に廻せる資金には限りがあるので、そのうちどれだけを案件に廻せるか、概算総額を決定する。この時その他の投資案件との間で比較検討が行われ、それらの間の相対的な資源配分を考慮して、情報化投資に投入する資金の大枠が決定される。一般には、システム投資の見積は、複数のベンダーや情報システム会社を通して協議され複数の専門家の間で投資目的とコスト・パフォーマンスの検討が実施される。

情報化投資予算総額を決定する方法としては、
- 売上高に対して一定比率を割り当てる
- 経常利益額の一定比率を割り当てる
- 前年度の実績を参考にして決定する
- ユーザーに何らかの方法で課金する

・長中期計画により決定する

実際にはいくつかの基準が使われている。しかし上記のいずれかの方法を採るにしても特に明確な根拠があって決定されているのではない。便宜的な方法として採用している企業がほとんどである。中長期計画を連動させて情報化投資予算の総額を決定するといっても、実際には中長期計画で予測した予算総額や予想売上高の一定比率のようなかたちで決定している場合が多い。総額が決まったら、次にどのような業務あるいは職能に割り振るかを検討する。経営戦略あるいは経営課題の相対的な重要性によって、前年度並みでよい領域や今年度重点的に投資する業務や職能が決まってくる。例えば、在庫管理を重視するのであれば、運搬と保管の自動化のための予算が計上されるだろうし、会計システムの効率化のためには、経営情報システムの新たな導入が考慮される予算とすべきである。さらに、情報技術を用いた競争優位を獲得するためには、核となる戦略的情報技術の利用が考慮されるべきであり、このための予算は大がかりなものとなる。以上のような大枠の中で各代替案の費用対効果の検討や分析が行われる。費用対効果分析は、費用と効果の比較検討が目的であり、そのための測定が行われる。

この費用対効果分析の結果に基づいて、情報化投資案件を承認するかどうかの決定がなされる。問題がなければ投資は決定され、順次、開発、修正、テスト、運用の段階に進む。もし問題があり承認できないならば、却下あるいは差し戻しとなり、改めて情報化案件の起案がなされる。ここで一番大切なことは、どの代替案を選択するかということ、すなわちシステムの合目的性が重要であ

図表 6-1　情報化投資評価が困難な理由

費用とリスクの側面	便益と価値の側面
潜在的リスクや費用が完全に計算できない 運用や保守のような導入後のコストの予測が困難 会計システムの限界ですべてのコスト側面が評価されない コストには多様な側面がある	経営戦略自体が確定していない 経営戦略や組織への影響がわからない 使い方によって同じシステムでも便益が異なる 多様な便益価値の側面があり，把握が困難である 将来の時間価値（割引率）が予測できない

出所：佐藤（1996）70 頁

る。開発にあたっては、自社のシステム開発部門に一任して独自のシステムをつくり上げるか、アウトソーシングして外部のベンダーやソフトウェア・ハウスに依頼するか。自社開発のシステムにどれだけの戦略ウエイトを置くかによって、その開発方法も異なるであろう。例えば、独自の情報システムの開発が、今後のビジネスに多くの利益を生み出すものなのか、すなわち競争優位を生み出す源泉なのか、それとも基幹業務の効率化を達成するためだけなのかによっても大きな開きが出る。選択肢はさまざまであるが、近年の傾向としてオープン・アーキテクチャーの流れの中で市販アプリケーションを独自にカスタマイズする方法が多く取られている点も見逃せない。次の導入に際しても、意外と軽視されているのがテスト移行期間や前運用段階の取り扱いである。大がかりなシステムであればあるだけ、さまざまな不都合や問題点があり、トラブルも続発するものである。

　これらの問題は、運用の期間が長くなってゆくと自然になくなってゆくものであるが、それらを調整したり検討したりする場が是非とも必要である。ユーザーの希望に沿ったインターフェースかどうか、使い勝手の善し悪しがシステム利用の鍵を握っているといっても過言ではない。採用された情報システムは、期間と資源を設けて開発され、運用される。運用中は事後評価として定期的に費用対効果を分析し、問題があるかどうかを検討するのが望ましい。その場合は、導入や開発に関わった業者やベンダーは極力避け、第三者機関または独立系のベンダーに依頼すると良い。経験からいえば、内輪でシステム監査ができるほど客観性や正当性を主張できるところは皆無に等しい。全社的レベルでの資源の効率的配分は、この場合トップダウン方式である。しかしながら、このようなアプローチを実施する前提条件がすべての企業で揃っているわけではない。上記のようなトップダウン方式による情報化投資評価が適切にできない理由として図表6-1のようものがある。

そこで、できない理由を回避しながら情報化投資の資源配分問題を解決する方策として、費用配賦制度や課金制度がある。これまで述べてきたトップダウン・アプローチが計画的アプローチとするならば、費用配賦制度は、市場経済的ボトムアップアプローチといえよう。

6—6　経済性評価分析手法と作業

情報化投資の評価作業に入る前に、はたして情報投資の経済性評価分析手法(Capital Investment Analysis)の実態はどのようなものであるか明らかにしたい。さらに代表的な手法の計算方法と日米の投資効果分析手法の比較検討を実施する。投資から得られる効果を定量的に評価する方法は、設備投資の経済性についての計算である。代表的な計算手法は概ね次の二つに分類される。

1　非現在価値法――将来発生する費用や収益の割引計算を行わない方法

(A)　回収期間法

(B)　投下資本利益率（ＲＯＩ）

2　現在価値法――将来発生する費用や収益を割引計算して、現在価値に換算する方法

(C)　正味現在価値法（ＮＰＶ）

(D)　内部利益率法（ＩＲＲ）

非現在価値法と現在価値法との違いは、将来発生する費用や収益を経済性計算時点の現在価値に割り引いて経済性を算定するかどうかである。投資効果が長期に及ぶ大型の設備投資は、現在価値法によらなければ適当な計算結果を得ることはできない。このため、非現在価値法は、投資効果が長期に及ばない小型の設備投資にしか適用できないとされる。現在価値法は、別名、割引キャッシュフロー法（Discounted Cash Flow）あるいはＤＣＦ法とも呼ばれる。

(A)　回収期間法

$$回収期間 = \frac{設備投資額}{年間平均キャッシュフロー}$$

設備投資から残存価額を差し引く場合もあるが、安全性を重視して当初の設備投資額そのもので計算される場合が多い。キャッシュフローは、減価償却前利益であるがその利益をどの段階で把握す

るかは、利子支払い前の税引き前（営業利益）、利子支払い後の税引き前（経常利益）、利子支払い後の税引き後（税引後利益）のようにいくつかの考え方がある。回収期間法は、投資額の回収期間の長短により、投資の良否やリスクの大小を判断するものでよく利用されている。

(B) 投資利益率（ＲＯＩ）

$$\text{投資利益率} = \frac{\text{年間平均キャッシュフロー}}{\text{総投資額}} \times 100$$

キャシュフローとしては、一般に利子支払い前・税引き前利益を用いて、資金調達のコストと比較するかたちで用いられることが多い。ただし、この方法では貨幣の時間的価値を考慮していないという欠点がある。一般に、短期的な投資評価の目安として用いられ、米国企業の投資効果分析の手法としては多く利用されている。

(C) 正味現在価値法（ＮＰＶ）

$$NPV = \sum_{t=1}^{n} [R_t/(1+i)^t] - I$$

R_t：期間tにおけるキャシュフロー，i：資本コスト（あるいは割引率）

t：期間（n年間投資によるキャシュフローが発生），I：設備投資額

∴

$NPV \geqq 0$：投資を実行，$NPV \leqq 0$：投資を却下

正味現在価値法とは、投資により得られる一連のキャシュフローをある一定の資本コストで割り

引いた現在価値、すなわち、割引キャッシュフローの合計が設備投資額よりも大きければ投資を実行するという方法である。

(D) 内部利益率法(IRR)

$$I=\sum_{t=1}^{n}[R_t/(1+r)^t]$$

I：設備投資額，R_t：期間 t におけるキャッシュフロー

t：期間（n 年間投資によるキャッシュフローが発生），r：割引率（内部利益率）

∴

$r \geq$ 資本コスト（目標利益率）：投資を実行，$r \leq$ 資本コスト（目標利益率）：投資を却下

内部利益率法では、資本コストが与えられた上で、正味現在価値を計算する方法で、上述の式より r（割引率）を求めて資本コストと比較する方法である。この内部利益率法では、正味現在価値がちょうどゼロになるような割引率を計算する。この割引率のことを内部利益率と呼ぶ。以上が投資対効果に使用される評価分析手法である。

次に、日米企業では投資対効果の分析の手法について実際に大きな開きがある。その原因として、日米企業の経営者の考え方に違いがあることや企業を取り巻く経営環境の違いがあげられる。アメリカ企業は、投資案件について経営者によるトップダウン方式の意思決定が行われ、長期的な経営効果よりも短期的利益を優先する傾向が強いといわれる。情報化投資においても投資利益率へのこだわりがみられ、短期的な効果を期待する傾向が強い。このことは、アメリカ企業のおかれている

図表 6-2　投資効果分析手法の日米比較

日　本			アメリカ		
第 1 位	回収期間法	66.8%	第 1 位	投資利益率	65%
第 2 位	回収期間法，正味現在価値法および内部利益率法の組み合わせ	14.4%	第 2 位	投資利益率と残存利益の併用	28%
第 3 位	正味現在価値法	10.1%	第 3 位	残存利益だけ	2%
第 4 位	内部利益率法	6.5%			
第 5 位	その他	2.2%			

出所：櫻井（1991）『CIM 構築――企業環境の変化と管理会計』同文舘

環境と密接な関わりがあり、経営者に対する株主からの圧力が作用していると考えられる。すなわち、株主重視の考え方に投資利益率が適しているとされる。しかしながら、近年において経営リスクの分散という点からもポートフォリオ・マネジメントの発想を取り入れて長期的な運営をしている企業も増えてきた。他方、日本企業では、投資案件の採用に当たってボトムアップ方式の意思決定でコンセンサスを取り付け、合意のもとにシステムを整えるという手法をとる。それには、いくつかの原因が指摘されているが、短期的な利益にこだわらず、売り上げ優先とかマーケット至上主義といった長期的効果を最大化することが重要であるとされる。

情報化投資の場合も回収期間法が採用され、これは投資額の回収期間の長短により、投資の良否やリスクの大小を判断しようとするものである。この手法によると、早く投資が回収されれば良い投資案件とされ、大型の投資案件が厳密な計算のもとで実施されることは回避される。また、リスクの大きな投資に対しては、短期間（二〜三年）で回収を求める傾向がある。多くの日本企業ではシステム投資の意思決定にあたり、定性的尺度を含む総合評価を行うことが多い。いずれにせよ、投資リターンと経営リスクの分散という点からも新たなマネジメントの発想を取り入れて、長期的な観点から評価をしていくことが重要となってゆくであろう。

次に具体的な評価作業を考察したい。図表6-2では、情報化投資の費用対効果測定の段階は、事前評価と事後評価の二つがある。いずれも費用や効果についても次の評価手続きを得なければならない。

第一に、効果項目と費用項目を識別しなければならない。このためには、まずこれらをどのように分類するか、すなわち、分類項目を設定する必要がある。これは項目の取りこぼしがないように、できるだけ網羅的であるように、わかりやすいように簡潔でなければならない。またお互いの項目が整合的でなければならない。全く異なる視点のものを無限定に並べると判りづらくなるとともに測定や解釈に誤りが発生しやすくなるので十分に注意しなければならない。

第二に設定した分類項目に従って、効果項目と費用項目の値を測定しなければならない。第三に、測定したいろいろな効果と費用を何らかの形式で集計して、単一の総合評価指標に変換しなければならない。費用や評価の項目はさまざまな項目があるが、それらが同一の指標で測定されているとは限らない。そこでこれらの測定値を何らかの方法で合成して、単一の総合評価指標に変換しなければならない。これではじめて、情報化投資案の間で比較・検討ができるようになる。以下では、その具体的な例をみながら総合的評価手法の内容を検討したい。

6−7　総合的評価手法

アメリカの研究者は可能な限り金額表示をしようとする。桜井(1991)によれば、「日本ではむしろ財務的効果に非財務的効果を加味した総合評価を行っている企業が多い」という。図表6-3のように、定量効果と定性効果を含む検討項目を列挙し評価点をつけ、それに重みづけをして集計することが多い。近年、アメリカにおいてもカプラン&ノートン(Kaplan, R. S. & Norton, D. P. 1996)がバランス・スコアカード方式として、企業のビジョンと戦略との整合性をもとに、財務的視点、顧客の視点、社内業務の視点、革新と学習の視点からの多角的な評価点づけを提起している。

このスコアカード方式の特徴は、第一に、定量効果と定性効果の側面より総合的な評価の尺度を提供したことである。これまで評価する場合に不得意とした定性効果をそれぞれ有効性、創造性・人間性、革新性に区分し、格付けポイントの合計で評価しようとする。このことは、定量的な評価しかできないようなこれまでの手法とは違い、今まで意外と無視されてきた定性的な効果も入れて総合的な評価ができるように改善された点は優れている。例えば、コミュニケーションの改善は、情報システムの利用によって各個人レベルと組織レベルでどのように変化したか。また、人間性の項目にあげられているモラールの向上は、個人の生産性や仕事のやり方にシステムがどれだけ貢献して、その結果としてやる気が出てきたかどうかに関する指標となろう。革新性の項目にあげられている組織革新は、新たな仕事のやり方や組織のあり方にどれだけのインパクトを与えたかに関する指標である。これらの定性的な要素を総合して評価する方法は、評価を必要とする組織レベルや

図表 6-3　総合的評価手法

総合評価	総合評点	定性効果																					定量効果	
			革新性					創造性・人間性						有効性									（効率性）	
		定性効果の評点	組織革新	情報流通の革新	変化対応力の強化	新技術による機能の置換え	新規業務サービスの提供	モラールの向上	職場の活性化	適切な意思決定・問題解決	単純作業の追放	機器の使いやすさ・仕事のしやすさ	職場環境の向上	顧客サービスの向上	正確性・信頼性の向上	コミュニケーションの改善	精度の向上	業務処理の拡大	有効情報の提供	合目的性の向上	定量効果の評点	投資回収期間	期待される年間効果	投資費用総額（百万円）

評価する担当者によってばらつきがあるので、できれば利害関係のない外部監査組織に依頼して評価の客観性を保持する努力が必要である。

第二に、情報技術の導入によってもたらされた生産性の向上が、効率向上と有効性の向上に区分されて捉えられたことである。生産性の向上が二つの側面を明確に区分して、効率向上と有効性の向上と捉えられてこなかった。むしろこのことは混同され歪曲されてきたのが、これまでの経緯であろう。投資対効果が、はたしてコスト削減をもたらすのか、コスト回避なのか、それとも付加価値効果なのかを明らかにすることが必要である。

これまでみたように、従来の評価アプローチにはさまざまな問題があることがわかった。新たな情報システム投資の意思決定に際して、従来のアプローチは、次のような共通の課題をもっている。

(1) 評価者の恣意性

精緻な定量化モデリング手法では、眼に見える効果のみならず、投資と効果の因果関係が曖昧な売上機会損失などについても、可能な限り金額評価しようとした。また、総合的評価手法でも評価点や重みづけによって評価を試みた。しかし、両者で用いられる前提、係数、評価点、重みづけは、評価者に大きく依存することも念頭に入れておく必要がある。

(2) 将来への不確実性

財務効果は、一般的には現行システムあるいは現行システムの将来のコストと提案システムのコスト・便益との比較による機会費用の削減として計算される。機会費用概念は、経済的意思決定のための適切な情報の選択への基準を提供するものではあるが、不確実で、評価者による将来の予想や期待を含んだ金額とならざるを得ない。

(3) 困難な事後検証

ウィルコックス（Willcoks, L. 1996）によれば「事後評価は情報システムの評価に関する重要な領域であるが、ほとんど無視されてきた」といわれる。しかし、従来の手法では、事後に効果金額や前提を確認する手段がないのも事実である。例えば一〇％の売上増大が達成できたとして、それが情報システムの貢献によるものかどうかは直接的に検証できないし、管理精度の向上や顧客サービスの向上などに用いた評価点や重みづけの数値の妥当性を事後に確認することはできない。

(4) インフラ投資の評価困難性

インフラ投資は、効果の立証が難しいため、総論では賛成でも各論になると反対に廻ることが多い。しかしネットワークやデータベースなどへの投資は、部門や企業の枠を越えた多くのアプリケーション開発の基盤となり、競争力にとって非常に重要である。

先行プロジェクトでのインフラ投資は、そのプロジェクトの採算性を悪化させ、意思決定に否定的に作用しがちである。そのため、進取の気概に富むプロジェクトの推進を逡巡させ、企業の活性化を損なう危険性がある。しかし、「戦略的」として経済性評価の枠外におくことは、インフラ投資金額の妥当性評価を回避し、合理的な意思決定を阻害する。

6－8 モバイルの費用対効果

投資決定のボトム・アップ方式として、費用配賦制度や課金制度が注目されている。ここでは紙幅の関係上、問題定義にとどめるしかできない。情報システム部門は、企業内の情報システム部門としてユーザー部門へサービスを売り、代金を回収する。回収した収益に基づいてシステム基盤への投資を行い、企業内の利便性と戦略的利用を高める。費用配賦制度は現在、約五割の企業で実施されているが、チャージバック算定式が複雑であるとか、制度の運用に不満が残るなど問題をかかえている。同類のやり方である課金方式は、いわば企業情報資源配賦に市場原理を導入して、情報資源配賦の問題を回避する方策である。その適切な運用は必ずしも容易ではなく、予算や資金などの配賦方法としては必ずしも成功しているとは言い難い。

図表 6-4　モバイル化・リモート化の費用対効果

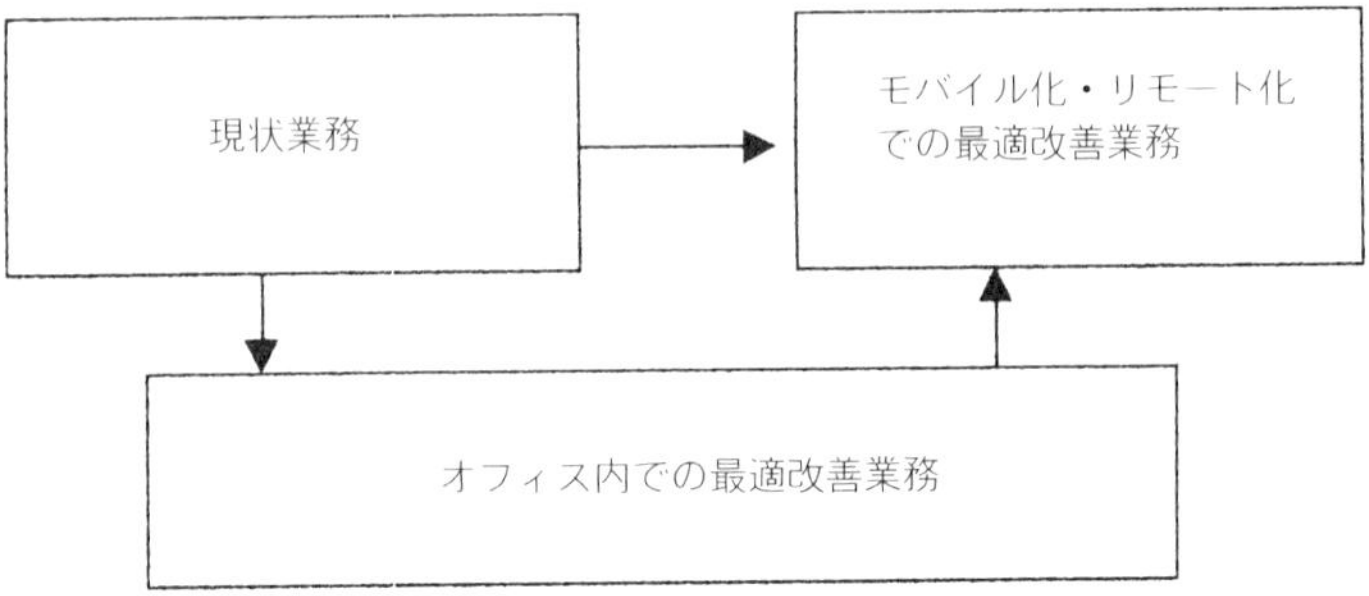

出所：山川（1998）217 頁を一部修正

この結果、制度の運用実態は、情報システム部門によるトップダウン方式による意思決定に頼らざるをえないのが現実である。これまで情報技術に関する測定フレームワークと代表的な概念について議論してきたが、測定方法問題や限定的なフレームワーク設定のため、納得のゆく評価がもたらされてきたとは言い難い。今後、さらなる手法改善と理論的フレームワークの進展を望みたい。

次に、近年の情報技術とネットワーク技術の進展によりもたらされたモバイル化に関する問題を考察したい。いわゆるＳＯＨＯＭＯ（Small Office, Home Office, Mobile Office）の費用対効果の問題である。

まず、現状業務からモバイル化やリモート化での最適業務改善への費用対効果を検討する。この場合、費用対効果の算定の際には三つの方法、すなわち、現状業務からモバイル・リモート化、現状業務からオフィスならびにオフィスでの最適改善業務からモバイル・リモート化での最適改善業務のルートを算定することが重要である。モバイル化やリモート化を実行する場合、主に発生するコストとしては、モバイル用やリモート用の情報携帯端末やソフトウェア、通信機器の導入費用があげられる。さらにユーザー支援の問い合わせ窓口であるヘルプディスクの運用費用や場合によってはモバイル対応のアプリケーションの構築・導入費用がこれに加わる。

モバイル化・リモート化システム構築の実行判断のためには、これらの費用と効果を検討する必要がある。顧客訪問客数が増えるとか、営業マンの出張旅費が減るとかいった定量化しやすい効果は別だが、効果の一部はきわめて定量化しづらい定性的なものにならざるを得ない。企業全体からみたとき、定量化しづらい効果の代表的なものに「迅速化」がある。この迅速化は、必ずしも直接的に経営効果を生まないが、現在では顧客満足度を高める主成功要因であり、競争の激しい業界ほどこの傾向が著しい。したがって、迅速化を果たせなかった場合の機会損失をどのように判断するかで、経営のあり方が大きく変わってしまう。

この場合、モバイル化・リモート化の費用対効果は、これを導入しなかったケースとの差分で検討しておくことが必要である。このようにすることでモバイル化・リモート化の費用対効果が明確になる。さらに、このことに関連してテレワーク（在宅勤務）の仕事環境のメリットは、生活のライフスタイルにも大きな影響を及ぼす潜在的なインパクトをもっている。情報技術への投資は、企業の経営環境に大きな影響を与え、これまでの仕事のやり方を根本的に変革してゆくようなエネルギーを秘めている。

6—9 情報技術の費用対効果

これまで考察してきたように、情報技術への投資費用の分析の重要性が次第に明らかになったことは前進であるが、十分に確立された方法は未だ存在しない。その大きな原因は、情報の評価が非常に難しいところに理由がある。すなわち、情報は、これまでみてきたように、費用の低下、生産性の向上、収益の増大、競争優位の確立、意思決定の改善などさまざまな形で価値を生み出す。反面、それは、コンピュータのソフトウェア、ハードウェア、通信サービスコスト、人件費などのかたちで費用を発生させる。そして創造された知識や価値は、時間とともに変化（陳腐化）し、また不確実であるものや測定困難なことも多い。情報技術を導入する場合、このような価値と費用との関係を全体的にみて最適なバランスを達成するように計画・設計を選択することが重要である。

この章を締めくくるにあたり、これまでみてきた考察を総括してこれらのポイントを整理してみたい。情報技術の効果を収益力向上として捉えたとき、それは具体的な指標として、売上高増大、コスト削減、顧客サービスの改善、資源管理の改善に大別することができる。これらの中には人件費や材料費のように比較的簡単に金銭単位で換算できるものもあるが、多くのものはこの金額に換算することが困難である。例えば、顧客サービスの改善、意思決定の改善、ネットワーク・コンピューティングによる経営改善、競争優位の確立の効果について金額で計算することはきわめて困難であり、これらは経営者の主観的な判断によらざるをえない。他方、費用面での問題は、情報技術に関する最適投資額や利用方法、将来費用など課題も多い。把握された効果と費用は、収益から費用を差し引いたキャッシュ・フロー、金額換算された効果、すなわち、便益から費用を差し引いた純便益として把握される。

それを概念的に示したのが図表6-5である。初期投資は大きくマイナスのキャッシュ・フローを示しており、ある時点を境にプラスのキャッシュ・フローへと変化していることを表している。ここで注意しなければならないことは、目に見えない効果を看過しないことであり、これの評価は、前述の主観的評価に頼らざるをえなく、これらの評価の相違がシステム利用と効果の分岐点を表せているといえる。

収支や支出、便益や費用を基にして情報技術の投資効果を測定する方法には、経済性評価分析手法でみたように大別すれば次のようなものがあった。

(A)　回収期間法：投資がその後の収入によりどれだけ回収できるかを問題とし、回収期間が短いものを高く評価

図表6-5　情報技術の費用対効果

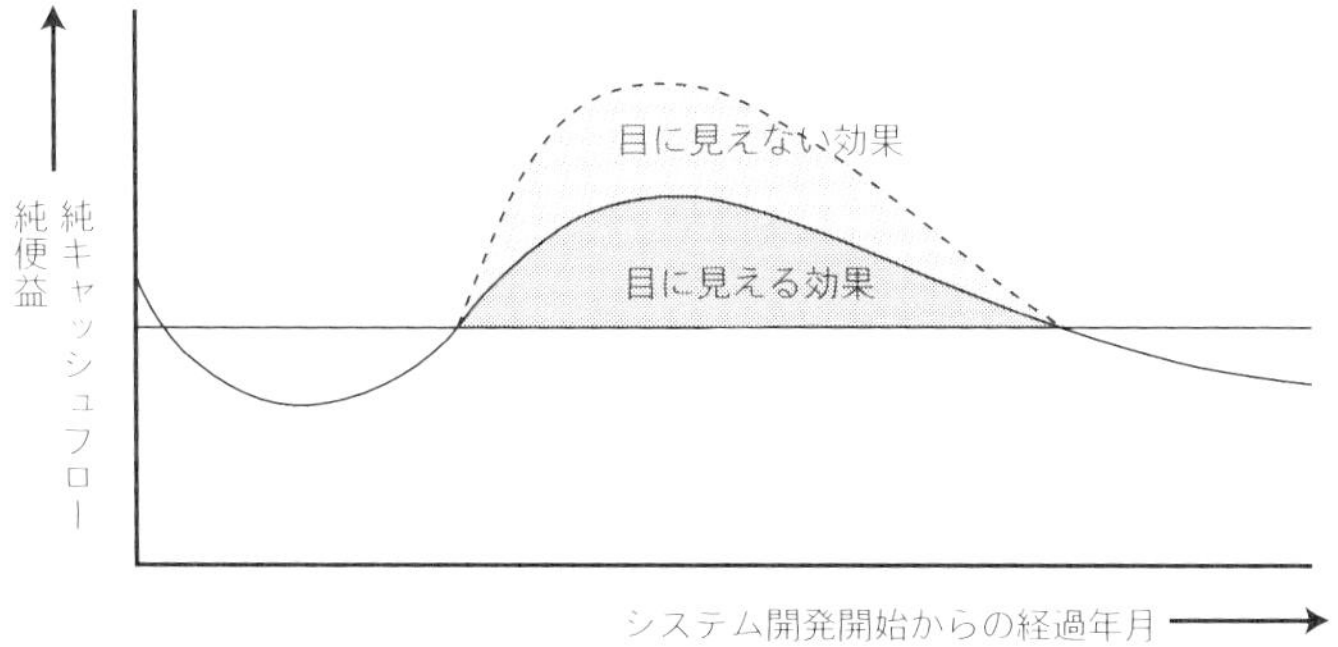

出所：宮川編(1992)『経営情報システム』203頁

(B) 投資利益率：投資額に対する収益(利益)がどのくらいあるかを問題とし、その額が大きいほど高い評価をあたえる

(C) 正味現在価値法：投資がもたらす将来の純収入をある一定の率で割り引いて現在の価値に換算した額の合計から投資額を引いた額を考えてその値が大きいほど高い評価を与える

(D) 内部収益率法：投資がもたらす将来のキャッシュ・フローの現在価値を投資額と等しくさせるような割引率を求めてその高さを評価する

以上のような経済性評価の指標は、指摘したように、金銭換算できない価値を有効に評価することはできない。すなわち、このような方法は、金銭換算が可能であることを前提にした方法であり、目に見えない効果や金銭換算できない効果が多くあることを忘れてはならない。パーカー＆ベンソン(Parker, M. M. & Benson, R. J. 1988)は、情報技術の価値として次のような五つをあげている。

- 戦略支援価値：情報技術は企業の戦略を支援する重要な役割をもつよう設計される
- 競争優位価値：情報技術は企業に競争優位をもたらすように設計される
- 経営管理情報価値：情報技術は経営管理上のさまざまな意思決定のための情報を提供し、経営管理を改善する
- 競争対応価値：情報技術は競争相手に遅れをとらないような対応を可能にする
- 戦略的システム基盤価値：コンピュータ、通信ネットワーク、ソフトウェアなど現代企業の戦略的システム基盤としての価値をもつ

情報技術の評価は、その基準としていったい何を考えたらよいか、という困難な問題がある。現在、完全な指標や測定方法がないので、何らかの基準によらなければならない。そのような基準を考える上で重要なことは、有効性（Effectiveness）の評価と効率性（Efficiency）の評価を明確に区分することである。生産性の向上をめざすといっても有効性の向上なのか、または効率性を表しているのかをはっきりと分けなければならない。ここでは、有効性とは、システムが設定された目的の達成にどれだけ成功しているかに関する問題であり、他方、効率性とは、一定の目的のために用いられる資源の最小化に関する概念である。

現場レベルでは、有効性に対して効率性の評価は、比較的技術的なものである。しかしながら、情報技術のもたらされる意思決定が高次のマネジメント・レベルになるほど有効性の評価は目に見えないものになる傾向がある。そういう意味における真の有効性は、経営者の意思決定に情報技術をいかに有効に活用するかという切実な問題があるが、今後の傾向として情報技術に対するトップマネジメントの関与がより一層重要になる。

●参考文献

1 Bender, D. (1986) "Financial Impact of Information Processing", *Journal of MIS*, 6, pp. 232-238.

2 Clemons, E. K., Reddi, S. P. & Row, M. C. (1993) "The Impact of Information Technology on the Economic Activity", *Journal of Management Information System*, pp. 9-35.

3 Cron, W. & Sobol, M. (1983) "The Relationship between Computerization and Performance: A Strategy for Maximizing Economic Benefits of Computerization", *Information and Management*, 6, pp. 171-181.

4 Curtis, C. C. (1994) "Nonfinancial Performance Measures in New Product Development", *Journal of Cost Management*, pp. 18-25.

5 Curtice, R. (1985) *Strategic Value Analysis*, Prentice-Hall.

6 Davenport, Thomas H. (1993) *Process Innovation: Reengineering Work through Information Technology*, Harvard Business School Press.（卜部正夫、伊東俊彦、杉野周、松島桂樹『プロセス・イノベーション』日経ＢＰ出版センター、一九九四年）

7 Davis, G. B. (1982) "Strategies for Information Requirements Determination", *IBM Systems Journal*, Vol. 21(1), pp. 4-30.

8 Delone, W. (1988) "Determinants of Success for Computer Usage in Small Business", *Management Information Systems Quarterly*, 12, pp. 51-61.

9 Heagy, C. D. (1991) "Determining Optimal Quality Costs By Considering Cost of Lost Sales", *Journal of Cost Management*, pp. 64-72.

10 Horngren, C. T., Foster, G. and Datar, S. M. (1993) *Cost Accounting: a Managerial Emphasis*, 8th ed., pp. 811-819.

11 犬塚正智(1991)「ＳＩＳの構築と財務成果に関する実証分析」『早稲田商学』第三四四号、早稲田大学商学部。

12 犬塚正智(1994)「情報化の進展が業際化に及ぼす影響力」『経営情報科論集』第一〇号、千葉経済大学短期大学部。

13 犬塚正智（1998）「西暦二〇〇〇年問題の現状と課題――現状分析とソリューション技法の提案」『北海学園大学経済論集』第四六巻第一号、北海学園大学。

14 Kaplan, R. S. and Norton, D. P. (1996) "Using the Balanced Scorecard as a Strategic Management System", *Harvard Business Review*, pp. 75-85.

15 金融機関等におけるシステム投資の効果測定に関する研究会（1994）「金融機関等におけるシステム投資の効果測定に関する研究会報告書」（財）金融情報システムセンター。

16 日本ＤＥＣ（1993）『情報システムの投資効果分析手法』日本デジタルイクイップメント。

17 Lucas, H. C. Jr. (1975) "Performance and the Use of an Information System", *Management Science*, 21, pp. 908-919.

18 松島桂樹（1994）「グローバル情報システムの新たな展開」『ＩＥレビュー』第三五巻第五号。

19 宮川公男編（1992）『経営情報システム』中央経済社。

20 Parker, M. M. & R. J. Benson (1988) *Information Economics, Linking Business Performance to Information Technology*, Prentice Hall.（宇都宮、高木、金子訳『情報システム投資の経済学』日経ＢＰ社、一九九〇年）

21 櫻井通晴（1991）『ＣＩＭ構築――企業環境の変化と管理会計』同文舘。

22 佐藤修、野口正人（1994）「情報化投資効果分類の枠組みについて」『東京経済大学会誌』

23 佐藤修（1996）「情報化投資効果測定研究の考え方」『東京経済大学会誌』第一九五号、一月号、六三―七七頁。

24 島田達巳（1989）『自治体の情報システム――民間企業との比較分析』白桃書房。

25 Strassmann, P. A. (1985) *Information Payoff: the Transformation of Work in Electronic Age*, Free Press.（伊坂哲男訳『インフォメーション・ペイオフ――情報技術の有機的活用のために』日経マグロウ

ヒル社、一九八六年）
26 Strassmann, P. A.（1990）*The Business Value of Computer.* The Information Economics Press.（末広千尋訳『コンピュータの経営価値』日経ＢＰ社、一九九四年）
27 Synnott, W. R.（1987）*Strategic Information System,* John Wiley & Sons.（成田光彰訳『戦略情報システム：ＣＩＯの任務と役割』日刊工業新聞社）
28 Turner, J.（1985）"Organizational Performance, Size and the Use Resources", New York University : Center for Research in Information Systems, *Working of Data Processing Paper,* 38.
29 Weill, P. D.（1988）"The Relationship between Investment in Information Technology and Firm Performance in the Manufacturing Sector," *Faculty of Leonard N. Stem School of Business,* New York University.
30 Willcoks, L.（1994）*Information Management : the Evaluation of Information Systems Investment,* Chapman & Hall.
31 Willcoks, L.（1996）"Introduction : beyond the Productivity Paradox", *Investing in Information Systems,* pp. 1-12.
32 山下裕（1998）『企業を変えるモバイル革命』日経ＢＰ出版センター。

第7章　情報技術革新とネットワークの経済性

7—1　内部取引とネットワークの経済性

情報技術が急速な勢いで進展してゆくために、それに追従していくことは大変である。むしろ流行や真新しさにとらわれることなく、独自のコンシェプトをもってシステム運営を長期的な展望から実施してゆく方が理想である。大事なのは、システムの性能ではなく、情報システムが提供できるコンテンツであり、情報から生まれるところの付加価値であることを看過してはならない。

イントラネット技術を利用した企業組織は、連結の経済性、すなわち、ネットワークの経済性を発揮することができる。規模の経済性、範囲の経済性に代わるネットワークの経済性という概念は、情報化社会が進行する中で企業組織の最適規模、組織相互の関係、企業行動のあり方を考える場合、きわめて重要な意味をもつ。ここでは、篠崎の主張(1999)をもとにネットワークの経済と取引形態との関わりを考察したい。

市場経済の中で企業という組織が形成されるのは、市場を通じた取引では契約に関わる交渉、契約、モニタリング、違反への制裁と解決などさまざまなコストが膨大で、これを組織内部の取引にする方が費用を削減できるからである。市場取引と内部取引のどちらが有利かという点については、固定的なものではなく取引内容の性質や期間、社会環境によっても変わりうる。しかしながら、業績不安と更なる合理化のため、日本企業も情報技術の進展に対応して市場取引に切り替えるケースが今後増加してゆくと考えられる。それではなぜそのような変化が起こるのであろうか。

図表7-1は、五部門取引の二つのケースを示している。(a)は外部取引1：内部取引6、(b)は外部取引3：内部取引2を表す。この場合、外部取引の方が内部取引よりも二倍のコストがかかるとすると総コストは、(a)の場合：1×2+6=8　(b)の場合：3×2+2=8　となる。

したがって、両者の相対的関係が変化し、外部取引費用が内部取引費用の二倍未満となれば、(a)>(b)となり、事業分離やアウトソーシングが有利になる。

また、青木・伊丹(1985)によると、統合の便益は、①技術の経済、②取引費用の経済、③未利用資源の経済、④情報の経済、⑤独占と参入障壁にあり、統合費用は、①投下資源の増大、②規模の経済を使えない無駄、③情報の硬直性、④内部管理上の問題とされる。そして、統合するかしないかは、業務活動の規模、技術のタイプ、不確実性の程度、業務活動からの情報蓄積と学習のポテンシャルの大きさ、製品市場のライフサイクルなどによって変わるという。したがって、技術体系の変化などにより、市場取引と組織内取引のコストの相対的な関係が変わると従来の均衡がシフトすることになる。

図表7-1　5部門取引のケース

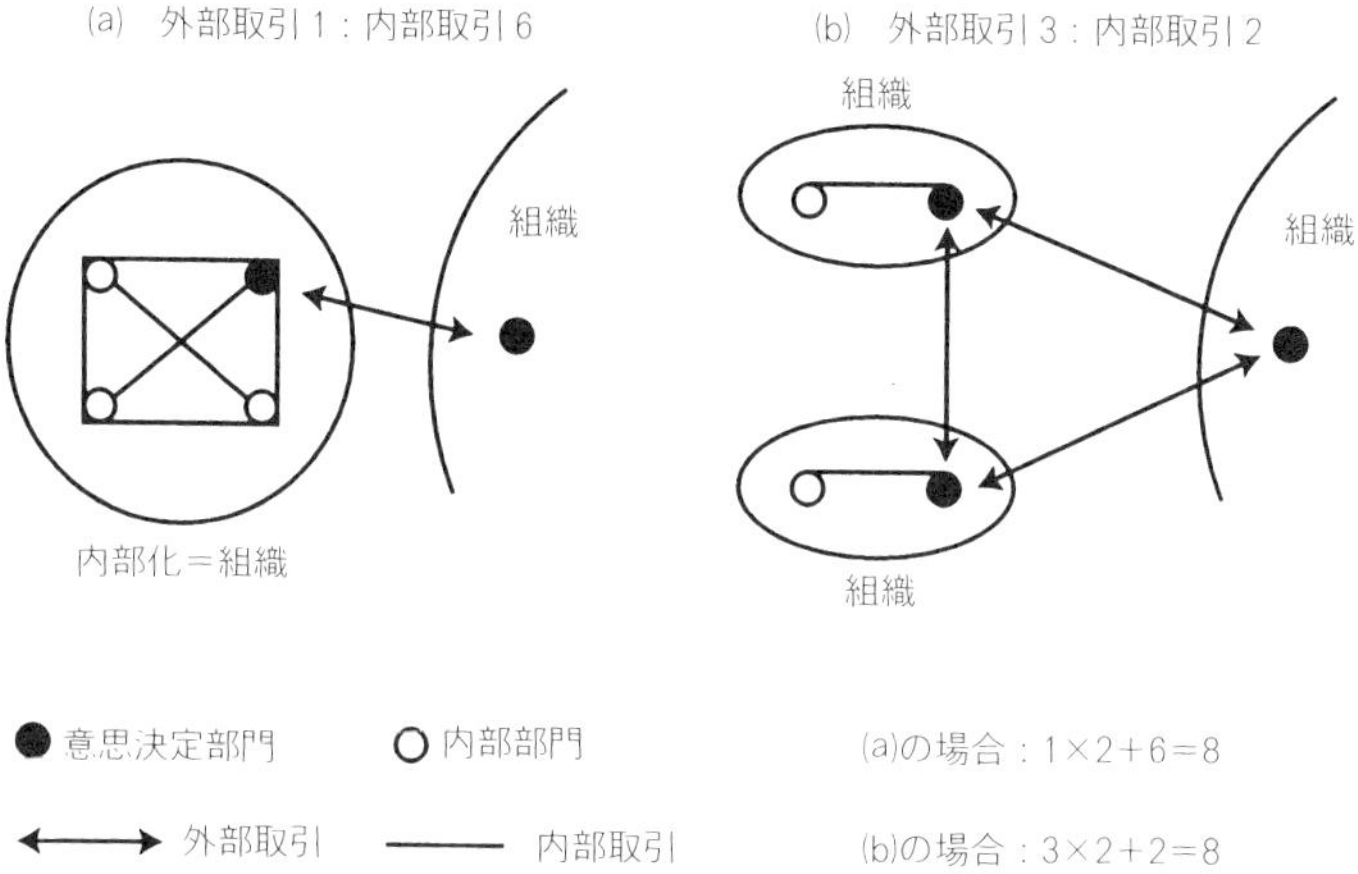

出所：篠崎（1999）71頁

範囲の経済性は、同一組織内の共通生産要素を複数の生産活動に転用できることに着眼した経済性、すなわち、内部資源の活用、同一主体（組織）の議論である。これに対しネットワークの経済性は、複数の分散化された主体（組織）がネットワークで結合され、情報を相互に共有・活用することによって生まれる経済性であり、外部資源の活用、複数主体（組織）の結びつきから効果がもたらされる点に特徴がある。したがって、範囲の経済性型企業では、組織内の統一資源を複数の多様な用途に利用することで経済性を発揮できるため、自ずと多部門を有する大企業型になる。これに対し、ネットワークの経済性型企業では、外部取引コストの飛躍的逓減により組織外部の専門資源を有効に利用する形態で経済性を発揮でき、必ずしも大きな企業規模を必要としない。すなわち、専門性を有する中小・中堅型企業でも発揮できる経済性である。

また、権限形態は、範囲の経済性を有する企業は中央集権的で、意思決定プロセスとしては、部門が多様であるために合議制をとる傾向がある。これに対してネットワーク型の中小企業は各企業間に分権化され、意思決定に際しても各企業の規模が小さく、部門も単純であることから即断即決型となる。範囲の経済性を有する企業は、組織内部の共通資源を多部門で利用するため、取引形態としては内部取引が活発となる。その結果、内部に独特な慣行が生まれやすく、外部に対して閉鎖的になりかねない。他方、ネットワーク型の企業では、それぞれの企業内部での取引は比較的単純で、外部との間に多くの取引が生じる。したがって、取引の形態は一般に開放的で、外部の多様な組織とのコミュニケーションが可能なように標準化されたプロセスが採用される。

両者ともそれぞれの長短所がある。範囲の経済性を発揮する企業は、関わる分野が多様であり、全体の総合力が強みである。一つの部門が赤字でも、他の部門の黒字で支えることが可能であるという内部補助機能が働くため安定性がある。その反面、内部補助が赤字部門のモラル・ハザードや撤退の決断の遅れにつながったり、部門間の利益相反が生じた場合の組織全体としての意思決定に調整のための時間がかかるなど、俊敏性にかけるという短所がある。

さらに、取引相手が固定されて代替取引の機会が失われるため優れたアイデアや技術がなかなか出てこない。新しい産業が生まれ、経験のない事業領域が急速にできた場合、組織内の古い物差しでは対抗が困難である。ネットワーク型企業では、これとは対照的に個々の専門性による迅速な意思決定が可能であり、代替取引による隘路の克服で可能性を広げることができる。その反面、一つ一つの企業レベルでは内部補助がきかないため、優勝劣敗が激しく、激変を吸収する機能が備わっていないという短所をもつ。範囲の経済性型企業にみられる利益相反による調整時間や内部補助による撤退決断の遅れは、情報技術革新の時代にスピードの経営が求められる環境では致命的となりかねない。補完的な財・サービスを同一組織で生産している場合にはそれほど顕在化しないが、代替的な財・サービスを取り扱っている場合には、相互の利益が一致しないため、利害調整に手間取り機会を逸することにつながりかねない。

また、変化の激しい時代には、多角化路線による事業の複雑化ではなく、経営資源をコア・コンピタンスに集中する企業戦略が求められる。すなわち、範囲の経済性が発揮できる社会では、すべての分野で平凡であっても総合力で勝負することができるが、専門性をもつ組織がネットワークの経済性を発揮してコア・ビジネスで勝負する市場においては、平凡な二番手企業はすべての分野において負けてしまうリスクをもつ。現在、それだけ従前より専業集中が志向されるのである。

これは、組織の意思決定システムによっても変わってくる。ボトムアップ型であれば、トップは能動的な意思決定を行わないため、情報の流れに受動的であっても不都合は生じない。必要な情報が組織の仕組みの中でなかば自動的にピラミッドの上層に情報が集まるわけである。

しかしながら、トップダウンの意思決定を行う企業であれば、意思決定を行うピラミッドの上方が、能動的に情報を収集する必要性に迫られるため、組織の中でスクリーニングされてくる情報だけではバイアスが生じる。その情報に基づいて誤った意思決定を行えば、トップダウン型であればあるほど致命的となるのである。したがって、組織形態としては小規模であることが求められる。なぜならば、意思決定に必要な情報が容易に多く集まるとすれば、飛躍的な情報量が集まるからである。しかし、一人の個人が処理できる情報量は限られている。情報の洪水の中で情報の選別に時間がかかるという矛盾に直面するわけである。

以上のように、新たな情報技術を用いたシステムを構築するということは、従来型の組織のあり方を根本的に見直すということを表している。日本企業が、戦後導入して創り上げてきたさまざまな制度やルールを再度見直し、二一世紀型の活力ある企業組織を形成する必要がある。そのための多くの示唆が、ネットワーク型企業への移行、それに対応した取引形態や意思決定のやり方などの中に含まれていることを付言しておきたい。

7―2　情報技術による産業社会の再編

これからの企業社会の変革は、情報技術をいかに活用して行くかに、大きく依存してゆくと考えられる。マルチメディアとネットワークが融合したインフラストラクチャーの構築は、大きなインパクトを社会全体に与える。情報化が産業社会に及ぼす影響は、最終的には企業の組織構造と社会構造を変革する三つの効果を生み出すだろう。

情報技術の利用形態として、マルチメディアに象徴されるような文字・音声・動画などを統一的に扱うマルチメディア・テクノロジーが発展しつつある。また、情報通信の分野でもインターネットのように多彩なクライアント（研究者、ビジネスマン、一般市民）を包含したグローバル・ネットワークが進行している。情報のマルチメディア化は、そのデジタルに融合されたイメージ情報によって、コンピュータが不得意としてきた文脈依存型情報や感性情報を処理する能力を大きく拓き、他方ネットワーク化は、参加者同士の自由な発信による双方向コミュニケーション形態を実現させた。そして、このマルチメディアとネットワークが融合したインフラの構築は、企業社会に対して大きい可能性と恩恵をもたらす可能性を拓いたといえよう。

マルチメディアとネットワークがもたらす影響について、マーロン&ロッカート（Marlon, T. W. & Rockert J. F. 1991）は、情報技術がもたらす波及効果を産業革命以後の輸送技術を例に類推を行っているのでここで紹介する。

①第一次効果としての代替効果

輸送技術の変革の第一次効果は、古い技術に対する代替効果であった。すなわち、便利で快適な汽車や自動車を利用するようになった。同様に、情報技術の進展においては、人間間の調整を情報技術で代替するという効果が現れる。

②技術利用をもたらす第二次効果

次に、新しい輸送技術は、単なる代替技術に留まらず、従来以上の需要をもたらすであろう。つまり、人々は頻繁に旅行をし、遠方からの取引や仕事への通勤ができるようになった。同様に、情報技術導入による調整費用の削減は、大幅な効率化を達成させ、大きな需要を生み出すという第二次効果を生み出している。すなわち、従来の単純な調整作業に振り向けられた経営資源は、より複雑な調整作業へと振り向けられる。

③社会変革をうながす第三次効果

最後に、廉価で便利な輸送機関が広範囲に普及することによって、郊外住宅やショッピングセンターに代表されるような輸送集約型社会構造が出現した。同様に、関連部署や関連企業をネットワークで結び、情報を幅広く共有して企業活動をするような調整集約的な構造が出現しており、企業組織や経営スタイルにも大きな影響力を及ぼしている。例えば、大企業に象徴されるような階層的組織構造が崩れ去り、代わりに社内の上下関係や企業間の枠を超えて意思決定を行うアドホクラシー型の組織構造が台頭するであろう。また、調整費用の逓減は、企業の市場志向をますます加速させる。すなわち、ネットワーク下では、自社生産よりも市場からの調達の方が選択されるようになり、その結果、組織の垂直統合の度合いが減少し、ひいては小規模の会社が急増することになる。このことは、文鎮型組織あるいはネットワーク組織の役割が重要になることを示唆している。

7―3　企業ネットワークの進展

本章では、情報技術と企業ネットワークの進展が企業活動に大きな影響を及ぼしているということを述べたが、最後に論点を纏めておきたい。

まず第一に、新たな情報技術を用いた企業システムネットワークを構築することの必要性を論議してきた。そこで、インターネットの技術に注目してその内容について考察を試みた。情報ネットワークによって外部資源の活用が経済的であるようなシフトが起こりつつある。さらに企業同士が結合することによって、単一企業では実現できなかったような新たな価値を生み出す潜在的可能性が生じてきた。それは、連結の経済性とかネットワークの経済性と呼ばれている。アウトソーシング、アライアンス、さらにバーチャル・コーポレーションなど話題になっている経営戦略はこのような価値の追求であるといってよい。情報ネットワークによって、次のことが実現可能である。

①企業間での外部取引の促進

②コアビジネス主体の活力ある企業組織への変革

③専門性を生かした分権型企業

第二に、インターネットの技術を使った企業情報システムの方向性を提示し、その発展可能性を論じた。それらは、インターネット・イントラネットの構築と利用である。イントラネット(Intranet)は、いわば「内側のネットワーク」といった意味でWWWなどのインターネット技術を企業内や企業間での情報共有にも利用しようという概念である。イントラネットによって、企業情報システムのパラダイム・シフトが起こりつつある。今日、ネットワーク型システムの導入により、企業組織のフラット化、労働生産性の向上、企業取引の激変など、産業基盤と企業が立脚してきた経営基盤のパラダイムシフトが急速な勢いで起きていることを看過してはならない。

●参考文献

1 青木昌彦・伊丹敬之（1985）『企業の経済学』岩波書店。

2 犬塚正智（1991）「ＳＩＳの構築と財務成果に関する実証分析」『早稲田商学』第三四四号、早稲田大学商学部。

3 犬塚正智（1999）「情報技術の投資に関する測定フレームワーク」『北海学園大学経済論集』第四六巻第四号、北海学園大学、一九七—二一五頁。

4 Malone, T. W. & Rockart, J. F. (1991) "Computers, Network and the Corporation", *Scientific American*, September.（望月　宏訳『ネットワーク新時代の企業』『日経サイエンス』一九九一年一一月号、一一四—一二三頁）。

5 宮川公男編（1994）『経営情報システム』中央経済社、三—二四頁。

6 宮澤健一（1978）『制度と情報の経済学』有斐閣。

7 宮澤健一（1988）『業際化と情報化——産業社会へのインパクト』有斐閣。

8 Nolan, R. L. & Gibson, K. L. (1974) "Managing the Four Stages of EDP Growth", *Harvard Business Review*, Jan./Feb..

9 Nolan, R. L. (1979) "Managing the Crisis in Data Processing", *Harvard Business Review*, Mar./Apr..

10 大月博司編著（1999）『戦略組織論の構想』同文舘、一六一—一八六頁。

11 大月博司・高橋正泰・山口善昭（1997）『経営学——理論と体系』第二版、同文舘。

12 佐原寛二編（1996）『経営情報論ガイダンス』中央経済社、一九三—二二三頁。

13 篠崎彰彦（1999）『情報革命の構図』東洋経済新報社。

や

ら

わ

な

は

ま

た

さ

索　　引

3M　71
AI（Artifitial Intelligence）　21
ARPANET プロジェクト　147
BCG（ボストン・コンサルティング・グループ）　52
BPR（Business Process Reengineering）　22
CALS　144
　Commerce at Light Speed　170
　Computer Aided Logistic Support　168
　Continuous Acquisition and Life-cycle Support　168
　——の効果　174
CALS 推進協議会　172
CASE（Computer Aided Software Engineering）　157
CPU（Central Processing Unit）　83
DSS（意思決定支援システム）　120
EDI　144
EUC（End User Interface）　22
FTP　150
GE　71
GUI（Graphical User Interface）　22, 34
HTML（Hyper Text Mark-up Language）　147-148
IBM　70, 153
IBM クレジット　159
JIT（ジャスト・イン・タイム）　102
JUNET（Japan University Network）　146
NC 工作機械　119
NII（National Information Infrastructure）　170
OA（Office Automation）　54
OR（オペレーション・リサーチ）　28
OS（Operating System）　83
PCS（Punch Card System）　20
PIMS（Profit Impact of Market Strategies）　52
POS（Point of Sales）　119
PPM（Product Portfolio Management）　53
QC サークル　81
RDB（Rslational Data Base）　21
ROM（Return on Management）　196
SIS　142
SOHOMO（Small Office, Home Office, Mobile Office）　214
TCP/IP　145
TELNET　149
TQC（全社的品質管理）　103
USENET(USEr's Network)　146
VAN　144
WWW　150
ZD 運動　81

あ

アウトソーシング（Outsourcing）　42
アセンブリ言語　21
アセンブル　98
アバナシー（Abernathy）　82
アメリカ経済の非連続的な発展　140, 182
アンゾフ（Ansoff）　48, 59

著者紹介

犬塚《いぬづか》　正智《まさとも》

1957年　佐賀県伊万里生まれ

1981年　国際商科大学（東京国際大学）商学部卒業

1988年　早稲田大学大学院商学研究科（博士後期）単位取得

現　在：北海学園大学経済学部教授（経営管理論，経営情報論），北海学園大学大学院経営学研究科教授（経営情報論特殊講義，経営情報論特殊講義演習）

主　著：経営学総論第２版（共著）成文堂，1993年

戦略組織論の構想（共著）同文舘，1999年

企業戦略と情報技術（単著）杉山書店，2000年

ネットワーク時代の企業戦略

2000年６月１日　第１版第１刷発行

2001年９月10日　第１版第２刷発行

著　者　犬塚　正智

発行者　田中　千津子

発行所　株式会社　学文社

〒153-0064　東京都目黒区下目黒3-6-1

電話　03（3715）1501（代）

FAX　03（3715）2012

振替口座　00130-9-98842

印刷　㈱新製版

乱丁・落丁の場合は本社でお取替えします。

定価は売上カード，カバーに表示。

ISBN4-7620-0966-0